스 님 의

그 림 자

상담하는 비구니의 자기치유 이야기

스님의
그림자

효록 지음

운주사

성장의 길과 깨달음의 길

인간 의식 연구의 대가인 켄 윌버는 '의식 발달에는 두 가지 길이 있다'고 말합니다. 하나는 성장의 길이고 다른 하나는 깨달음의 길입니다. 성장의 길이란 개인의 무의식적 그림자를 자각하고 치유함으로써 건강한 자아를 형성하는 길입니다. 깨달음의 길은 조건화된 자아의 경계를 넘어 자기의 참된 본성을 찾는 길입니다. 성장의 길은 서양의 심리학과 심리치료가 탐구해왔던 영역인 반면, 깨달음의 길은 동양의 수행과 지혜 전통이 밝혀왔던 영토입니다. 우리가 사는 21세기는 성장의 길과 깨달음의 길을 함께 조망하고 통합함으로써 인간 의식 진화의 보다 명료한 지도를 제작할 수 있는 시대입니다

자아초월심리학에서는 인간을 몸, 마음, 영성의 차원을 가진 존재로 봅니다. 인간의 온전하고 전체적인 발달과 치유에는 성장의 길과 깨달음의 길 모두가 필요합니다. 성장의 길을 걷지 않고 깨달음의 길에 들어서는 것은 충분한 물과 음식을 준비하지 않고 사막으로 여행을 떠나는 것과 같습니다. 성장의 길만을 추구하며 깨달음의 길을 망각한다면 자신의 근원과 유리된 자

아는 외로움과 죽음의 공포를 피할 수 없을 것입니다.

이 두 길은 끊어진 길이 아닙니다. 손의 안과 밖처럼 하나 안의 둘입니다. 한 길 안의 두 길입니다. 그림자의 고통을 피해서 깨달음으로 가는 길은 없습니다. 붓다께서 깨달음의 길의 첫 번째 진리로 괴로움의 진리를 말씀하신 것과 같습니다.

여기 이 두 길을 걸어가는 한 사람, 효록 스님이 있습니다. 요즈음은 사정이 좀 나아졌겠지만 스님이 상담을 받거나 공부하는 것은 승가 공동체 내에서 여전히 불편한 취급을 받습니다. 스님이 상담을 공부하는 것이 마치 수행의 권위를 격하시키는 것처럼 인식되기도 합니다. 이와 같은 금기와 편견의 사슬을 끊고 미지의 세계로 뛰어들기란 쉽지 않은 일입니다.

효록 스님은 스님으로는 우리나라에서 최초로 권위 있는 상담심리전문가 자격을 취득한 분입니다. 자격 취득만으로 스님이 뛰어든 성장의 길을 모두 설명할 수 없습니다. 스님은 오랜 기간 상담을 직접 받으며 자신의 그림자 문제를 해결하기 위해 분투했습니다. 어머니와의 관계 속에서 받은 상처, 무존재감의 고통, 오래 누적된 분노 등등 고귀한 성직자로서 보여주기 어려운 자신의 내면의 그림자들을 샅샅이 드러내어 치유하는 작업을 해왔던 것입니다.

효록 스님의 깨달음의 길은 그림자의 길, 고통의 길과 맞닿아 있습니다. 그림자의 자각은 삶의 역사 속에서 조건화된 자아의 두꺼운 껍질을 깨뜨리는 과정이기도 했습니다. 자신의 외로움과 분노와 상처를 진실하게 직면하니 본성의 빛이 드러났습니다. 탐, 진, 치에 물든 에고로 살아온 삶에 대한 거룩한 참회가 일어났습니다. 자신의 고통을 투사했던 사람들에 대한 용서와 연민의 감정이 가슴 가득 차올랐습니다.

효록 스님은 이 책에서 당신이 직접 겪고 체험한, 자신의 깊은 곳으로의 치열했던 여정을 가감 없이 그려내고 있습니다. 자신 안에 있던 빛과 그림자, 상처와 영광 모두를 보여 주었습니다. 자신 안의 천사와 악마를 모두 보여 줄 수 있다는 것은 선과 악의 이원성을 넘어서는 시각이 있을 때 가능한 일입니다. 선과 악을 넘어선 존재로서의 자기 자각은 신성하고 초월적인 느낌을 일으킵니다. 이 책을 읽는 여러분 또한 저와 같이 울며 때로는 웃으며 한 진실한 인간이 걸어가고 있는 자기 발견의 길을 좇아가 보시길 바랍니다.

2022년 5월

박성현(서울불교대학원대학교 자아초월상담학전공 교수)

작은 에고로부터 해방되는 길

가벼운 명상 서적들이 넘쳐나고 있는 요즈음, 맑은 거울과도 같은 책을 만났다. 시중에 흘러넘치는, 적당히 위로하며 대충 살아가게 하는 부류의 책이 아니다. 이 책은 자신의 내면으로 깊게 침잠하여 고통과 자신의 방어기제들을 더 철저히, 온전하게 직시하는 것만이 작은 에고로부터 해방되는 길이라는, 제대로 된 가이드를 제시한다.

읽다 보면 애쓰지 않아도 내가 보이고, 마음의 시리고 어두운 구석마저도 담담히 꺼내 볼 수 있게 해주는 전신거울 같은 책이다. 숨죽여 울고 있던 우리의 내면을 밝게 비춰주고 안아주는 이 책을 한 번 읽는 것만으로도 긴 수행의 여정을 함께 다녀온 느낌이 든다.

이 책이 지닌 힘은 여성 수행자로서 때로 감추고도 싶었을 자신의 모든 면을 우리의 성찰을 위해 기꺼이 내어주고 고백하는 스님의 용기 어린 자비심에 기대고 있다. 거미줄 같은 관념과 금기들을 앞서 걸으며 걷어내 주신 스님의 용기 어린 행보에 함께 길을 걷는 상담자이자 수행자로서 깊은 감사와 열띤 응원을 보낸다.

　수행자의 도력은 자신을 투명하게 보일 수 있는 데서 나온다. 천진난만하면서도 해맑은 스님의 얼굴에 각자의 편견이 섞인 이름표를 붙인다면 아마 그것은 당신 자신의 그림자를 고백하는 것에 지나지 않을 것이다. 진짜 수행자의 내면을 엿볼 수 있는 값진 기회를 주신 스님의 용기에 감사드리며, 나 또한 함께 고민하는 상담자로서, 수행자로서 스님처럼 투명한 구도의 과정을 걷게 되기를 바란다.

2022년 5월

하현주(서울대학교 상담학 박사)

I. 고통에서 해방으로 가는 길

II. 있는 그것을 알아차리고 보다

Ⅲ. 고통과 만나서 머물고 해방되다

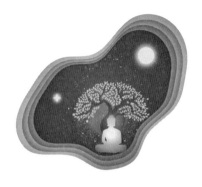

글을 시작하며

나는 출가해서 열심히 수행하면 괴로움에서 해방될 줄 알았다.
기대는 실망으로 이어졌고, 이 의문을 풀고 싶었다. 나도 몰랐
던 내 마음을 살짝 맛본 것은 전통승가대학을 졸업하고 동국대
학교에 입학하고 나서였다.

당시 학교상담센터에서는 만학도들이 학교생활에 적응하도
록 돕기 위해 집단상담을 진행했다. 나는 이 프로그램에 참여하
면서 잘나 보이고 싶은 불안한 마음과 대인관계의 미숙함을 알
게 되어 속으로 놀랐고, 이때부터 상담相談에 관심이 갔다.

나는 대학에 다니면서 미술치료와 인연因緣이 닿아 거의 3년
동안 집단미술치료 프로그램에 참여했다. 이 시기에 나도 몰랐
던 내 마음(무의식)을 탐색하는 것에 매료되어 상담을 전공하는
쪽으로 진로를 정했다.

나는 내가 상담을 받아야 할 만큼 문제 있는 사람으로 생각하
지 않았다. 하지만 개인상담을 받은 이후부터 나도 몰랐던 내
마음을 알아가기 시작했다. 상담을 받는다는 것은 마음을 탐구
하는 수행修行과 같다. 이 수행의 결과, 나는 내 삶의 원동력이

자 나를 좌지우지했던 불신不信과 불안不安 그리고 분노忿怒를 만났다. 이 부정적인 감정의 뿌리에는 오래된 상처가 있었다. 이 트라우마는 고유한 에너지(힘)가 있어서, 나도 모르는 사이에 대상과 시기를 달리해서 불쑥 되살아나곤 했으며, 그럴 때마다 대인관계를 망치곤 했다.

나는 수년간 내담자가 되어 상담을 받았고, 상담 교육과 상담자 수련을 받았으며, 드디어 상담심리전문가가 되어 상담을 실시하게 되었다. 이 과정에서 내 트라우마의 기원과 그 작용을 볼 수 있었다. 내가 왜 남자친구와 헤어지고 출가를 했는지, 나도 몰랐던 심리적인 역동을 제대로 이해하면서 비로소 나를 알게 되었다.

몇몇 상담전문가들은 내가 통찰할 수 있는 힘이 생겼으니 상담을 종결해도 되겠다고 말했다. 어느 날인가부터 나는 '이렇게 편해도 되나!' 싶을 정도로 마음이 편안해졌고, 사람이 꽃으로 보이면서 노래가 흥얼거려졌다.

하지만 상담학 박사학위를 받고, 상담심리전문가 자격을 받은 이후에 찾아온 외로움은 견디기 고통스러웠다. 몸도 마음도 영적으로도 외로웠다. 처음에는 우정을 구걸하듯이 벗을 찾았으나, 전통적인 승려의 삶에서 벗어나 있는 나를 공감해 주는 스님은 귀했고, 외로움을 나눌 수 사람이 없다는 것에 좌절하면서 화가 나기도 했다.

외로움 때문에 뭐라도 해서 벗어나고 싶었을 때, 인도 오앤오 아카데미(O&O Academy, 이하 아카데미) 명상을 만났다. 처음 인도에 갈 때만 하더라도 그곳에서 몇 주간 집중 수련을 하면 외로움에서 벗어날 줄 알았다. 하지만 오히려 외로움이라는 두려움 속으로 더 깊숙이 들어가는 체험을 하게 되었고, 무르익은 후에야 비로소 자유로워졌다. 그동안 승려로서 공부하고 수행한 것, 자아초월상담학을 전공한 것, 그리고 오랫동안 상담을 받은 경험은 모두 내면을 탐색하는 데 풍부한 자양분이 되어 주었다.

인도 선생님들은 부처님 말씀을 자주 인용했는데, 친근해서 좋기도 했지만 속상하기도 했다. 고대의 경전 내용을 전달할 때 누구나 이해하기 쉬운 현대어를 사용하면서도 세련되고 우아해서, '우리는 왜 이렇게 못하나!' 싶어서 부러웠다. 다양한 호흡과 명상, 영상, 조명, 적절한 음악, 그리고 춤은 의식을 확장하는 데, 무의식을 탐색하는 데, 그리고 영적이고 초월적인 체험을 하는 데 활용되었다.

인도에서 명상을 하는 동안 나는 누구의 눈치도 보지 않을 수 있었고, 참지도 않고 마음껏 울 수도, 비명을 지를 수도, 춤을 출 수도 있었다. 정서적 접촉은 언어를 뛰어넘어 몸의 세포 차원에서 체험되는 것이었다. 기쁨과 환희를 느낄 때마다 몸은 자연스럽게 움직여 춤이 되었다.

나는 몸, 마음, 영적인 면에서 이완되면서 서서히 변해갔다. 아이가 성인으로 단번에 자라지 않는 것처럼, 마음의 상처도 한꺼번에 치유되지 않았다. 마치 어린이가 성숙한 어른의 세계로 들어가기 위해서는 각종 시련을 겪어야 하는 것 같았다. 스스로 많이 성장했다고 여기다가도 얼마 지나지 않아 여전히 미숙했음을 인정하지 않을 수 없었다. 내 성장은 천천히 그리고 더디게 진행되었다.

처음에는 몸의 변화를 알아차렸다. 나는 인도에서 돌아와서부터 쿤달리니 명상을 거의 매일 했는데, 어느 날인가부터 아침 공복에 사과를 먹어도 더 이상 속이 쓰리지 않았다. 그전에는 속쓰림이 체질이라고 믿었고, 바뀌지 않을 줄 알았다. 그다음은 카페인 차를 마시게 되었다. 커피나 보이차 등을 마시는 날에는 늦은 밤까지 잠을 이루지 못해서 애를 먹었고, 불면의 후유증은 다음날까지 영향을 줘서 그것들을 멀리했었다. 그런데 언제부턴가 늦은 오후에 커피를 마셔도 잠을 자는 데 아무런 장애가 되지 않았다.

나는 국내에서 진행되는 명상 프로그램에 참여하는 것 외에, 2017년 봄부터 2019년 겨울까지 3년 동안 인도에 8번을 다녀왔다. 그렇게도 괴로웠던 외로움은 연결감으로, 불안과 두려움은 안도감으로, 불신은 확신으로 바뀌었고, 나를 괴롭혔던 내면의 질문과 의문이 사라지면서 고요해졌다.

이 여정에서의 신비체험은 내가 직접 체험하지 않았더라면 믿지 못할 정도이다. 한 번은 명상에서 파랗고 맑은 바다에서 통통한 펭귄이 신나게 헤엄치는 모습을 보았다. 처음에는 내 전생의 한 모습인 줄 알았는데, 그것이 태내 체험의 일종이라는 것을 나중에 알았다.

대부분의 우리나라 출가자出家者는 세속에서의 삶이나 출가 후 수행 생활의 경험을 말하지 않는 편이다. 조용히 침묵하기를 선택한다. 어째서일까? 어쩌면 출가 이전의 삶을 전생前生으로 치부하며 덮어두려는 것인지도 모르겠다. 우리가 출가 전후의 인간적인 삶을 되짚어보지 않고 묻어둬도 수행에 방해가 되지 않는 걸까?

나는 경전을 보는 것을 법등명法燈明이라고, 자신의 내면을 탐색하는 것을 자등명自燈明이라고 생각한다. 나는 자유로 가는 해답이 고통에 있다는 것을 알았기 때문에, 고통을 해탈로 가는 교과서로 본다. 우리가 경전을 볼 때 불빛이 필요하듯이, 마음의 지하실에 내려가 고통과 만날 때도 등불이 필요하다. 더불어 동행이 있을 때 더욱 안심하게 된다. 나는 상담심리전문가나 명상지도자가 훌륭한 동행이 될 수 있음을 경험했다.

어떤 사람은 심리상담을 받고 문제를 해결하고, 어떤 사람은 명상으로 접근해서 괴로움을 극복한다. 심리상담은 어떤 사람이 받고, 치유는 어떻게 일어나는 것일까? 명상이 좋다고는 하지만, 명상을 하면 무엇이 어떻게 좋아지나? 사람들의 이런 의문에 대해 '내 이야기를 하면 어떨까!' 하고 생각했다. 나는 내가 겪은 고난과 비슷한 괴로움을 내담자(상담을 받는 사람)들에게 자주 들으면서, 나만의 고통이 아니라는 것을 알게 되었다.

이 책은 승려로 출가해서 상담심리전문가가 되고, 심리상담과 명상을 통합하기까지의 과정을 담은 나의 탐험기이다. 나는 이 책에 내 수치심, 죄책감, 불안, 공포, 두려움, 분노, 우울, 무기력, 불신 등 부정적인 감정과 신념의 찌꺼기를 마주하는 흔적과 그것으로부터 자유로워지는 과정을 담았다. 세계적인 영적 스승인 데이비드 호킨스(David R. Hawkins)는 사람들은 각자 다른 양식으로 배운다고 말한다. 나는 이 책을 읽는 사람들이 고통에서 해방될 수 있는 힌트를 얻을 수 있기를 바란다.

이 이야기는 전통승가대학을 졸업하고 동국대학교에 입학한 2004년 봄부터 2016년 겨울까지의 상담 및 심리치료 경험, 그리고 2017년 봄부터 2019년 겨울까지의 명상 경험으로 구분할 수 있다.

미리 말씀드리고 싶은 것은, 상담을 받으면서 통찰한 내용은 기록해 두지 않아서 기억에 의존할 수밖에 없었고, 그래서 구체적으로 그때의 통찰이나 심정을 제시하지 못한 아쉬움이 있다. 하지만 상담을 받고 나서부터 인생의 큰 전환을 맞이했으니, 그 영향은 매우 크다고 하지 않을 수 없다. 후반부는 명상을 하면서 내면의 진실을 마주하고 통찰한 것을 기록했다. 치유는 과정을 중요하게 여기므로 대부분의 내용도 시간 흐름대로 써서, 결과를 확인할 때까지 독자의 인내심이 필요할지 모르겠다.

이 책은 심리치료와 명상을 통합하고 싶은 사람, 심리적인 상처를 치유하고 자신의 문제를 해결하고 싶은 사람, 자신도 모르는 마음을 탐색하고 자신이나 타인을 이해하고 싶은 사람, 그리고 상담심리사, 명상가, 수행자, 종교인 등 다른 사람의 아픔을 치유하는 사람들이 읽는다면 도움이 되리라고 생각한다.

명상과 심리치료는 서로 병행되어야 하고 통합되는 것이 이상적이라는 것을 배워서 알았으나, 그것을 몸으로 체험하고 보니 확신이 생긴다. 나는 상담과 명상이 상호 보완되고 병행될 때 더욱 치료적이라는 것을 상담심리전문가, 치료사, 명상가, 그리고 종교인들이 직접 경험하기를 희망한다.

2022년 5월
독산동의 상담실에서

알았다. 그런데 아니었다

2018년 8월 어느 날, 인도 명상 아카데미에 가는 길이었다. 한국에서 출발하는 일행과 서로 일정이 맞지 않아 나는 혼자 늦게 출발했다. 한국에서 인도 첸나이 공항까지는 한 차례 환승을 하고, 중간에 7~8시간을 대기해야 했다. 환승 절차는 익혔지만, 혼자라서 긴장이 되었다. '긴장될 땐, 알아차리고 이완하기를 해야 한다'는 것을 알고 이완하려고 노력했다.

인천 국제공항에 도착했을 때, 먼저 출발한 한 사람이 공항에 핸드폰을 놓고 갔다며, 그것을 찾아 달라고 전화를 했다. 그녀가 말한 장소까지 무거운 가방을 끌고 밀면서 한참을 찾았으나 보이지 않았다. 지하층 분실물센터에서 지상층 탑승구까지 헤매다가 어렵게 핸드폰을 찾을 수 있었다. 혼자라서 그런지 긴장되었고 피로감이 밀려왔다.

인도 공항에 도착했을 땐 e-비자 창구 줄이 길게 늘어서 있었다. '영어를 못 알아듣거나, 말을 못해서 통과하지 못하면 어쩌지! 통역도 없는데!' 불안해졌다. 거의 40분 동안을 긴 대기줄에 서 있었다. 그런데 늦게 온 사람들이 갑자기 내 앞쪽으로 줄을 서는 이상한 상황이 벌어졌다. 졸지에 평소보다 1시간 30분이 더 지나서야 공항을 나올 수 있었다. 공항 밖에서 기다릴 택시 기사를 생각하니 미안해서 안절부절했다. 새벽 1시 30분이었다. 택시 기사를 만나고 나서야 마음이 안정되었다.

명상 아카데미에서 소개하는 택시는 값비싼 대신 기사에 대한 믿음, 청결, 안전, 그리고 서비스가 보장되었다. 택시 기사가 내 이름표를 들고 있어서 금방 찾을 수 있었다. 나는 늦은 것에 대해 "I'm sorry."를 몇 번이나 말했지만, 그는 무표정이었다. 자세히 보니 그는 맨발의 젊은 청년으로 이전 기사와 조금 달라 보였다. 이상하다고 여기는 순간, 아뿔싸~! 이 사람이 공항 주차 요금을 지불하지 않고 주차장 출구를 통과하는 것이었다. 계산원은 돈을 내라며 뒤에서 소리쳤고, 택시 기사는 쏜살같이 달아났다. 순식간에 벌어진 일이었다. '뭐지~! 주차 요금이 얼마나 된다고 돈을 안 내고 도망을 치지?' 심장이 뛰었고 무서워지기 시작했다. 알아차렸다. 그리고 이완하려고 했지만 더욱 긴장되었다.

한참을 달리더니 나에게 주소를 달란다. 그는 캠퍼스 주소조차 모르고 있었다. "What?" 뭔가 착오가 생긴 것이다. 그는 명상 아카데미 소속 기사가 아니었다. 내가 캠퍼스 주소를 가지고 있지 않았더라면 어찌 되었을까를 생각하면 지금도 아찔하다. 그는 에어컨도 켜지 않은 채, 양쪽 창문을 활짝 열고, 엄청난 속도로 달렸다. 인도의 밤공기에, 죽을 것 같은 두려움에 목은 타들었고, 내 몸은 이리저리 휘청거렸다. 그는 작은 생수 한 병도 내게 주지 않았다.

내가 죽을 수도 있겠다고 생각하니, 핸드폰에 유언을 남겨둬야 할 것 같았다. 나는 택시 안에서 핸드폰 녹음기를 켜고 국제전화를 하는 것처럼 연기하면서 유언 같은 말을 녹음하기 시작했다. 죽음에 대한 불안을 극복했다고 생각했는데, 나는 온몸이 긴장되었고 두려움에 떨었다. 공항에서 캠퍼스까진 2시간 30분 정도 걸린다. 그런데 이 젊은 기사는 어찌나 빨리 달렸던지 1시간 30분 만에 도착해 버렸다. 캠퍼스에 도착했을 때, 그는 운전석에 앉은 채 무거운 여행 가방도 내려 주지 않았다.

"불안할 땐 그것과 함께 있으라!"

"두려울 땐 그 두려움과 함께 있으라!"

"내면에 있는 그것과 함께 있으라."

나는 그동안 명상 아카데미에서 보석 같은 가르침을 배웠기 때문에, 평상시에도 그렇게 할 줄 알았다. 그런데 아니었다. 아는 것과 실천은 다른 차원이었다.

I.
고통에서
해방으로
가는 길

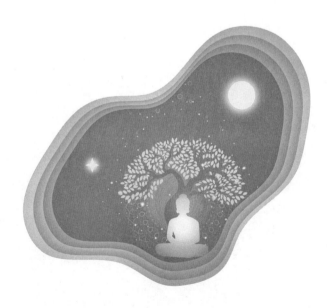

출가와 과정

스님은 어느 절에 사세요?

"스님은 어느 절에 사세요?"
"아~! 예. 저는 절에 안 살아요."
"예? 스님이 절에 안 살면… 그럼?"
"저는 상담해요."

나는 불상 앞에서 매일 예불하고 수행하는 전통적인 승려가
아니다. 그래서 이런 대답을 하고, 마치 죄인처럼 스스로 움츠
려든 적이 있었다. 사람들은 나에게 어느 '절'에 사느냐고 묻는
다. 아마 보편적인 사찰을 연상하면서 하는 질문일 것이다.
　나의 공간은 절에서 볼 수 있는 큰 불상도 없고, 전통적인 예
불이나 의식도 하지 않는다. 대신 작은 부처님을 모시고 소박한
기도와 명상을 하며 지낸다. 한때는 스스로 '잘못 살고 있나!'라
는 죄스런 마음이 들어서 자신 있게 말하기가 어려웠던 적이 있
었다.

나는 상담하는 승려이다. 상담실은 부처님이나 절, 불교라는 이미지에서 한 발 떨어져 있는 것이 낫겠다고 생각해서 상호도 중립적으로 지었다. 상담실은 종교라는 권위와 거리가 있어야 한다고 생각했다.

권위(자) 앞에 서면 자신도 모르게 긴장하게 되기 때문이다. 예의를 지켜야만 할 것 같고, 경건하게 수행해야 할 것 같은 선입견 때문에, 몸과 마음이 이완과는 거리가 멀어지게 된다. 그렇게 되면 할 말이 떠오르지 않고, 생각했던 말을 다 할 수도 없다. 권위(자)를 마주하면 우리의 몸과 마음은 자유보다는 부자유로 향한다.

나의 명함엔 '즐거운 정원사 효록'이라고 새겼다. '정원사'라 하니 사찰 이름으로 알고 '정원사는 어디 있는 절이냐'고 묻는 사람도 있다. 어떤 사람은 정원을 가꾸는 사람이라는 의미를 포착하고 센스 있는 작명이라고 치켜세우기도 한다.

마음은 밭이나 정원으로 비유하기에 적절한 것 같다. 조금만 손길을 주지 않으면 순식간에 잡초가 무성해진다는 면에서, 정성을 들이면 원하는 꽃과 열매를 얻을 수 있다는 점에서.

즐거운 정원사! 이왕 마음 밭을 가꾸기로 했으니 즐겁게 하기로 마음먹었다.

스님은 왜 출가했어요?

"스님은 왜 출가했어요?"

'아! 또 올 것이 왔다!' 이런 질문은 가능하면 아니 받고 싶다. 이때 스님들은 은근슬쩍 피하거나 두리뭉실하게 말하는 편이다. 꼬치꼬치 캐묻는 사람도 없거니와 그렇다고 솔직하게 대답하는 경우도 드물다. 나도 이런 질문을 받으면 "뭐가 궁금하세요?" 하고 질문을 되돌려줄까 하다가도, '내 대답이 질문자에게 어떤 도움이 될까?' 잠시 생각한다. 그리고 몇 가지 출가 동기 가운데 사람들이 가장 호기심 갖는 이야기를 한다. "남자친구와 헤어져서 출가했어요." 다른 이유보다 이 대답을 할 때, 사람들의 후속 질문이 사라진다.

나는 가난한 농부의 7남매 중 막내딸로 태어났다. 내가 다섯 살 때 큰 언니가 결혼을 했고, 그 후 2~3년마다 언니들이 시집을 갔다. 청소년기 어느 날에 결혼을 하지 않겠다고 마음먹었다. 나는 어머니와 언니들의 결혼생활을 보면서, 나도 결혼하면 그녀들처럼 자신의 가족에만 집착하며 살 것 같았다. 그렇게 살고 싶진 않았다. 출가한 지 얼마 되지 않아 새내기 승려일 때 손메모장엔 이렇게 쓰여 있다.

나는 많은 애정과 욕심을 갈구했다. 그러다가 '어떻게 살아야 잘 사는 것인가'에 대한 물음에 부딪히게 되면, 직업도, 사랑하는 사람도 허전한 마음을 채워 주지 못했다.

재가자로서 누구 못지않게 잘 사고 싶은 마음도 컸지만, 소유하지 않으면 생활에 안정이 되지 않는 삶에 한계가 있다고 생각했다. 그래서 베풂과 공유로써 행복을 느낄 수 있고, 만족할 수 있는 길을 택하고 싶었다.

만약 남자친구와 결혼했더라면, 가정이라는 틀에서 서로 상처를 주고받으며 그리고 가끔은 행복을 느끼며 평범하게 살았을 것이다. 어쩌면 그것이 나의 또 다른 꿈이었는지도 모르겠다.

자유롭고 싶었습니다!

고등학생 때 나를 사로잡았던 관심은 병립이 불가능했던 남자친구와 출가였다. 고향 사람인 남자친구를 사랑하면서도 출가는 하고 싶었다. 출가에 대한 환상은 중학생 때 생긴 것 같다. 중학교가 읍내에 있었는데 시골이라 넓은 논두렁을 지나가야 했다. 칠팔월 어느 날이었고, 짧은 팔의 얇은 옷을 입고 등교하던 길이었다. 등교하는 논두렁길에 비구니스님 두 분이 밀짚모자에 풀 옷을 입고 지나가고 있었다. 풀 먹인 승복 옷고름이 바람에 휘날리는 모습을 보고, 그 순간 반해 버렸다. 왠지 모를 끌림이랄까! 자유를 느꼈던 것 같다. '나도 저 스님들처럼 자유롭

게 가야 하는데, 왜 난 학교에 가고 있지!' 그때부터 출가하고
싶었다.

　그날 밤 어머니께 출가하고 싶다고 하니, 어머니는 출가하면
스님들이 아이들을 때리면서 키운다고 겁박했다. 부모님은 큰
절의 암자에 다니고 있었는데, 어머니는 암자에서 아이를 때리
면서 키우는 모습을 보아왔다는 것이다. 아마 출가를 막으려는
어머니의 과장된 표현이었겠으나, 나는 그 말에 겁을 먹고 마음
을 접었다. 어머니의 극약 처방이 먹혔다. 어머니는 불자였어도
자식의 출가는 상상하지 못했던 것이다.

　고등학생 때, 경전과 스님들의 책을 보면서 출가하고 싶은 마
음이 또 일어났다. 어머니는 "스님이 되면 가슴을 도려낸다."고
겁을 주었다. 어찌나 무서웠는지 모른다. 어머니는 승려가 되는
길을 모르면서도, 무슨 말을 해서든 출가하지 못하도록 말렸다.
나만큼 어머니도 놀랐을까? 어머니는 사춘기 때 있는 반항이라
고 여겼을지 모르겠다. 나중에 어머니는 내가 출가를 하면 다시
는 영영 못 보는 줄 알고 두려웠다고 회상했다.

출가해서 뭐 할 건데?

1993년 어느 날, 성철 스님이 열반했다는 뉴스가 크게 보도되
었다. 나는 충격을 받았다. 책에서 본 성철 스님이 아직 살아 있
을 거라곤 생각하지 못했기 때문이다. 나는 그분의 책을 읽는

동안, 이미 돌아가신 스님이라고 생각했다. 석가모니 부처님이 이미 돌아가신 것처럼. 왜 그렇게 생각했는지 모르겠다.

성철 스님의 열반 소식은 출가하고 싶은 마음에 불을 지폈다. 마음이 다급해져 서둘러 모든 것을 정리했다. 회사, 사소한 살림살이, 책, 일기장, 그리고 남자친구까지.

출가하겠다며 어머니에게 갔을 때는, 아버지는 돌아가신 지 몇 년 지난 뒤였고, 어머니는 고된 농사일을 혼자 하고 있었다. 그때도 어머니는 출가를 반대했다. 어머니는 충격을 받은 나머지, 한쪽 다리를 한동안 움직이지 못했다. 심리적인 고통이 신체적인 증상으로 전환되어 나타나는 현상이었다. 나는 이때까지도 어머니의 충격과 외로움, 고통에 대해서 무감각한 딸이었다.

어머니가 낫기를 바라는 마음과 설득시키고 싶은 마음을 담아 농사일을 거들면서 천수다라니 진언 기도를 시작했다. 한 달 정도 기도가 이어졌고 출가를 서둘지 않자, 어머니도 차츰 진정되었고 다리도 나았다.

어머니는 나를 달콤하게 유혹했다. "스님이 되더라도 차 운전은 해야 하니까 운전면허증은 따서 들어가야 된다."며 면허를 따도록 했다. 운전면허증을 따자, 이번에는 "자가용으로 여기저기 다녀보고 출가해도 늦지 않다."며 차를 사주었다. 어머니는 시간이 지나면 출가하지 않을 줄 알았다고 회상했다.

한여름엔 농사일도 쉬어간다. 나는 해인사 산내山内 암자로 한 달 동안 기도하러 들어갔다. 완전히 출가하는 것은 아니었다. 기도하는 동안 한 스님이 물었다. "애기 보살은 왜 출가하려고 해? 출가해서 뭐 할 건데?" "첫째는 팔만대장경을 전산화하는 일을 하고 싶고요. 둘째는 사회복지 일을 하고 싶고요, 그리고 힘이 남으면 깨닫고 싶어요." 나는 사회생활에 발을 내딛은 새내기 때, 불현듯 '해인사에 있는 팔만대장경을 전산화하면 모든 사람들이 어디서든지 경전을 보겠구나!'라는 생각이 번득 떠올랐었다.

해인사 고려대장경연구소와의 인연

기도처의 그 스님은 해인사고려대장경연구소 소장스님을 소개시켜 주었다. 소장스님은 해인사고려대장경연구소를 1993년에 설립하고 팔만대장경을 전산화하는 불사佛事를 하고 있던 참이었다. 면접에서 스님은 내 나이를 "서른여덟~"으로 보았다. 그때 난 겨우 스무네 살이었다! 나는 늙어 보였다. 그때는 이것이 스트레스와 관련 있다는 것을 몰랐다.

연구소에서 일을 할 때 즐겁고 행복했다. 가장 행복했던 때를 떠올리라고 하면, 그때가 생각난다. 그때도 나는 결혼하고 싶은 마음과 하면 안 될 것같은 마음 사이에서 왔다갔다했다. 결혼을 하면 이미 헤어진 남자친구를 배신하는 것 같았고, 출가하면 이성에 대한 욕망이 출가 생활에 걸림돌이 될까봐 망설였다. 그땐 사랑이 변하면 안 되는 줄 알았을 만큼 순수하면서도 순진했다.

그 무렵, 다른 사람의 전생前生을 볼 수 있다는 한 보살님을 찾아갔다. 출가하는 것이 괜찮을지 확인하고 싶었다. 그 보살님은 "애기 보살, 출가하지 마라."고 말했을 뿐인데 돌아오는 내내 눈물이 났다. 왜 그렇게 서러운 눈물이 흘렀는지 모르겠다.

그런데 오히려 출가하는 쪽으로 마음을 굳혔다. 그러자 이상하게도 마음이 담담해졌다. 출가하고 몇 년이 지나 승가대학-스님들의 전문교육기관으로 4년 과정. 강원講院이라고 함-에 있을 때 보살님께 전화할 일이 있었는데, 보살님은 단번에 목소리를 기억하며 특별한 설명도 없이 "스님, 출가하기 잘했습니다."며 승려 생활을 지지했다. 든든하고 따뜻했다. 보살님은 왜 그랬을까! 나는 묻지 않았다.

새내기 승려의 괴로움과 고통

가난해야 도道를 이룬다는 신념

막상 출가하려고 보니 어디로 가야 할지 막막했다. 장소나 사람을 안내하는 스님도 거의 없었다. 스스로 선택하라는 암묵적인 메시지였을까!

해인사에서 알던 스님을 찾아가 일주일 정도 머물면서 삭발도 하고 법명도 받았다. 노스님은 인자했고 염불도 훌륭했다. 노스님의 염불을 듣고 있노라면 편안해졌고 위로받는 느낌이 들었다. 가장 매력적으로 들렸던 염불이 저녁염송이었다.

聞鐘聲煩惱旦 종소리 듣고 번뇌를 끊자
문 종 성 번 뇌 단

智慧長菩提生 지혜를 길러 보리(깨달음)의 마음을 넓지니
지 혜 장 보 리 생

離地獄出三界 지옥을 여의고 삼계의 고통에서 벗어나
이 지 옥 출 삼 계

願成佛度衆生 원컨대 부처를 이루어 중생을 제도하리라
원 성 불 도 중 생

파지옥진언(지옥을 파괴하는 만트라)

옴 가라지야 사바하(3)

그런데 무슨 일인지 그 절에 더 이상 머물고 싶지 않았다. '스님들이 가난해야 도道를 이룬다'는 신념 때문이었을까? 도를 이루려면 부자 절에 살면 안 된다고 생각했던 걸까? 그 절은 너무 부자처럼 보여서, 내가 있을 자리가 아니라는 생각이 들었다. 그 절의 스님들은 왜 내가 그곳을 나왔는지 지금도 알지 못할 것 같다. 나도 상담심리전문가가 되고 나서야 그 이유를 알았으니 말이다.

나는 가난한 집과 어머니를 나 자신과 동일시했다. 나의 의식은 가난에 익숙해져 있었기 때문에 가난한 곳에서 오히려 편안함을 느꼈다. 나는 익숙함과 편안함을 구분하지 못했고, 그래서 익숙함이 편안함인 줄 착각했다. 그곳에 머문 지 일주일이 되던 날, 사중寺中의 모든 스님이 자리를 비운 때를 틈타 '이때다~!' 싶어 그 절에서 내려왔다.

동일시(identification)

동일시는 주위의 중요한 인물들의 태도와 행동을 닮는 방어기제로, 자아성장과 초자아성장을 결정하는 중요한 심리기제이다. 예를 들어, 어머니는 자신이 '못났다'고 생각하고, 자신의 딸에게 계속 '못났다.' '못생겼다.'고 이야기하면, 아이는 어머니의 말을 자기의 것으로 받아들여 동일시하게 되고, 커서도 자신이 못났다고 생각하게 된다. 또 다른 예는, 자신의 어머니가 '아들, 아들!' 하며 아들을 귀하게 여기는 모습을 보고 자란 여성은 결혼해서 자신도 어머니처럼 자신의 딸보다 '아들, 아들!' 하며 자신의 어머니의 태도와 행동을 동일시할 수 있다. 아이는 무의식적으로 양육자의 성격을 받아들이고 행동을 모방한다. 이런 동일시에는 여러 종류가 있다.

혐오 출가자 3종 세트는 편견일까?

나는 다시 고향으로 돌아갔고, 어머니는 걱정이 이만저만 아니었다. 삭발한 상태로 속복(일반인의 평범한 옷)을 입은 모습은 몹시 어색했다. 나는 어머니의 걱정을 헤아리지 못했던 미숙한 딸이었다.

　나는 삭발한 모습으로 어디로 출가를 해야 할지 모른 채로 집에 있었다. 친구의 오빠 스님이 '김천에 있는 청암사로 출가를 했으면 좋겠다'며 함께 가자고 제안했다. 그곳은 그때도 지금처럼 교통이 불편했다. 우리는 택시를 타고 함께 절에 들어갔다. 그런데 아뿔싸~! 비구니스님들이 가장 싫어하는 출가 유형이 있다는 사실을 그때는 몰랐다.

　요즘은 출가하는 사람 수가 줄어 행자(行者; 출가하여 아직 계를 받지 않은 수행자)가 귀하지만, 그 당시는 일 년에 수백 명씩 출가하던 시절이라 행자가 풍년이었다.

강원 도반스님은 우리가 승가대학을 졸업한 지 수년이 지난 어느 날, 비구니스님들이 싫어하는 행자 유형에 세 종류가 있다고 말했다. 첫째는 출가 전에 사찰에서 근무한 사람이고, 둘째는 삭발하고 입산入山하는 경우이며, 셋째는 비구스님과 함께 출가하러 오는 행자라고 말했다. 세상에! 나는 세 가지 모두에 해당했다. 그래서 힘들었을까? 이런 낙인은 단지 선입견이나 편견일까?

이성에 대한 욕망이 떨어지는 듯

강원講院에서의 행자생활은 좋기도 했지만 힘들기도 했다. 그 곳은 가난한 사찰로 보여서인지 내 집처럼 편안했다. 스님이 될 수 있는 희망이 있어서 좋았지만, 무조건 복종해야 하는 생활 방식은 힘들었다. 마치 궁궐의 무수리의 삶과 비슷하게 느껴졌다.

새벽 2시 30분부터 시작되는 일과는 대부분 몸을 쓰는 노동이었다. 그런데 몸보다 더 힘든 것은 관계였다. 선배스님이 어떤 지시를 했을 때, 나는 다시 확인하는 습관이 있었다. 그러면 "왜 사람 말을 못 믿느냐?"며 불호령이 떨어졌다. "저기 저거~ 갖고 와라!"고 해서 "저게 뭐냐?"고 물으면 "왜 사람 말귀를 못 알아듣느냐?"고 꾸중을 듣곤 했다. 친절한 스님들도 많았지만, 이상하다 싶을 정도로 야단치는 분들도 있었다.

내 생각을 입 밖으로 표현하면 "어디서 말대꾸냐!"며 불호령이 떨어졌고 "건방지다!"는 말을 들었다. 입이 있으되 말을 하면 안 되었고, 들어도 못 들은 척해야 했으며, 보고도 못 본 척해야 했다.

승가대학과 같은 기초 교육과정을 마쳐야 5급 승가고시에 응시할 수 있는 자격이 되었고, 합격해야 정식으로 비구니가 될 수 있기 때문에, 최소한 4년은 힘듦을 감내해야만 했다. 이것을 하심下心으로 이해하고 순응하면서, 스스로 몸과 마음을 낮춰 살았다.

행자생활 동안 몸과 마음이 힘들어서였을까? 고민했던 이성에 대한 욕망이 뚝! 떨어지는 것 같았다. 나는 성욕이 수행생활에 방해가 될 거라고 걱정했는데 오히려 잠잠했다. '이럴 줄 알았더라면 뭐하려고 4년이나 고민했을까!' 성性에 대한 욕망은 이렇게 해결되는 줄 알았다. 하지만 이후에도 수년 동안 몇 번의 곡예를 탔고, 자유로워지는 데 아주 긴긴 시간이 걸렸다.

생각의 벽에 갇혀 살다

학승으로 수행할 때는 '내가 이렇게 행복해도 되나!' 싶을 정도로 시간 가는 줄 모르고 살았다. 예불하고 염불(만트라, 챈팅)하

화엄반(승가대학 4학년) 여름에 극락전 옆에서

며, 훌륭한 스님들의 글을 공부하고, 경전을 보고 배우는 것에 즐거움과 기쁨을 느꼈다. 그때는 스트레스를 스트레스인 줄 모르고 살았다.

승려가 되면 편안해지는 줄 알았다. 그런데 오히려 출가 전보다 더 공부에 집착했으며, 뭐든지 잘하려고 애쓰다 보니 몸도 마음도 힘들어졌다. 무엇보다 대인관계가 마음대로 되지 않았다. 도반道伴스님들과의 관계, 사형과 사제스님과의 관계, 은사恩師스님과의 관계 등에서 내가 원하는 만큼 편하지 못했다. 대중생활에선 원만한 대인관계가 무엇보다 중요한 덕목인데 나는 덕스럽지 못했다. 나 자신도, 다른 스님도 이해하지 못했다. 내가 불교佛敎를 잘 몰라서 여전히 괴롭다고 생각했다.

승가대학을 졸업하고 10여 년이 지나 도반스님과 대화하면서 나는 그 당시 내 안에 갇혀 살고 있었다는 것을 알았다. 우리 두 사람의 기억에 큰 차이가 있었다. 나는 대중생활에서 있었던 큰 사건을 거의 기억하지 못했다. 다른 사람을 볼 수 있는 마음의 여유가 없었던 것 같다. 충격이었다. 눈 감고 귀 막고 산 사람 같았다. 마치 트라우마 환자처럼 그 당시 상황을 기억할 수 없었고 부분적으로만 기억의 흔적들이 남아 있었다. 부끄러웠다. 생존하기 위해 세운 '내 생각의 벽'으로 인해 스스로 고립된 삶을 살았던 것이다. 대중생활은 했으나 무인도에서 홀로 산 사람처럼.

어떻게 하면 인정받을 수 있을까

승가대학 입학시험이 있던 날이었다. 나는 그 상황을 기억하지 못한다. 이것도 도반스님에게 들은 내용이다. 30명 정도의 입학 수험생이 있었다. 도반스님은 얼핏 봐도 '모두 합격하겠다'는 것을 알고, 마음 편하게 다른 지역에서 온 수험생 스님들과 담소를 나눴다고 한다. 그런데 한쪽에서 죽어라고 공부하는 스님을 봤는데 그가 바로 나였다는 것이다. 도반은 내가 눈치도 없고 오버하는 것처럼 보였다고 말했다.

사실 나는 너무 긴장한 나머지 수험생이 몇 명인지 눈에 들어오지도 않았고, 주변 사람들에게 관심조차 없었다. 입학시험에서 낮은 점수를 받으면 불합격되는 줄 알고, 죽기 살기로 암기하고 있었다.

승가대학생 동안 스님들은 철(봄, 여름, 가을, 겨울)마다 하루나 며칠 또는 수십 일의 외출을 할 수 있다. 개인의 사정에 따라 정해진 규정 안에서 대부분 그 제도를 활용한다. 하지만 나는 그 제도를 활용하지 않았다는 사실을 졸업할 무렵에 가서야 알았다. 4년 내내 죽기 살기로 소임-맡은 바 일. 나는 1학년부터 4학년 여름철까지 자진해서 일을 했는데, 대표적으로 홈페이지 개설을 위한 워드 작업과 어린이 여름불교학교가 기억난다-을 살아서였을까? 졸업할 때 공로상을 받았는데, 그 상은 승가대학이 생긴 이래 처음으로 주는 상이라고 했다.

그때 당시 나는 무의식적으로 '어떻게 하면 은사스님께 인정받을 수 있을까!', '어떻게 하면 버림받지 않을까!'에 묶여 있었던 것 같다. 그래서 도반이나 대중스님들의 생각이나 감정, 상황이 들어설 자리가 마음에 없었다. 그 애씀이 바로 미해결 트라우마와 깊이 관련이 있다는 것을, 과거의 상처가 활성화(부활)되었다는 것을 그때는 몰랐다!

은사스님께 잘못 보이면 비구니가 될 수 없다!
나는 대중(大衆; 여러 스님이 모여 수행하는 곳)에 출가했기 때문에 행자 때부터 승가대학을 졸업할 때까지 은사스님과 개인적으로 접촉하는 일이 상대적으로 적었다. 스승과 제자로 인연을 맺었으나 서로에 대해서 잘 알지 못했고, 심리 내면을 알려고 하지도 않았던 것 같다. 시간을 가질 수는 있었으나 각자의 소임과 수행이 있었다.

나는 이미 혐오 출가 3종 세트를 구비하고 온 행자였기 때문에 그다지 주목받는 존재가 아니었다. "은사스님께 잘못 보이면 비구니가 될 수 없다", "비구니가 되더라도 수난을 예상해야 한다"는 소문도 들었다.

은사스님은 상자(上資; 도제徒弟 또는 제자)의 잘못에 대해 유급留級을 시키거나, 노스님께 시봉侍奉을 보낸 적이 있었다. 나는 내가 중노릇을 제대로 못해서 쫓겨날까 봐 몹시 불안하고 두려웠다. 사실 그때는 불안함이나 두려움도 느끼지 못했을 뿐만 아니라 표현할 줄도 몰랐다. 그저 피로감을 많이 느끼거나, 숙면을 취하지 못하거나, 악몽을 자주 꾸거나, 밤에 소변을 자주 보는 것, 그리고 소화를 시키지 못해서 트림을 자주 하는 등 신체적으로 불편하고 힘들었다. 그래서 종합병원이라는 별명이 붙었고, 잠자리에서 귀신처럼 소리를 자주 지른다 해서 '귀곡산장'이라고도 했다.

어느 날, 지대방에 걸린 작은 거울을 봤다. 그녀는 낯빛이 어둡고 표정도 일그러져 있어서 처음 본 사람 같았다. '누구지!' 하며 거울 가까이 가 확인하는 순간 소스라치게 놀랐다. 그 사람은 바로 나였다. 나는 나를 알아보지 못했다.

Ⅱ.
있는 그것을
알아차리고
보   다

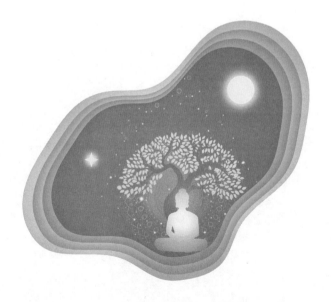

내면 탐색의 시작: 상담

"느낌을 표현하라고 했는데 모두 생각을 말하시네요."

나는 불교 공부에 목이 말라 승가대학을 졸업하고 동국대학교에 입학했다. 도반들은 기도하러 가거나 선방에 갔으며, 은사스님 절에 돌아가기도 했다. 나는 화두를 드는 것이 어려워서 선방에 갈 엄두를 내지 못했다. 큰스님의 법문을 들어도 무슨 뜻인지 알아들을 수가 없었다. 그래서 '공부를 제대로 하면' 이해할 수 있을 거라고 믿었고, 살아 있는 화두가 생기면 선방에 가겠다고 생각했다.

나는 불교 공부에도 열망이 컸지만 심리학에도 관심이 있었다. 때마침 만학도를 위한 집단상담 프로그램이 있었고, 누군가의 권유로 동참하게 되었다. 주 2시간 집단상담은 자신의 내면을 볼 수 있도록 쉽게 구성되어 있었다. 나는 내가 자기중심적이며 자존감과 에너지 수준이 낮다는 것을 확인하고 속으로 충격을 받았다. 하지만 다른 사람에게 그런 모습을 보이지 않으려고 애쓰며 티 내지 않았고, 잘난 체하고 싶어서 적극적이었다.

어느 날은 마당에 붉은 물감을 쏟아붓고 싶은 충동과 환상이 보였다. 내면에 억눌러 놓았던 것들이 쏟아져 나올 것만 같아서, 그림으로 표현하고 싶었다. 집단상담 선생님에게 미술학원을 소개해 달라고 청했더니 미술치료사를 소개해 주었다. 그렇게 미술치료와 인연이 닿아 거의 3년 동안 집단미술치료에 참여하게 되었다.

그때도 '느낌'이 무엇인지 알지 못했다. 자신의 그림을 전시할 때 지도자가 집단원들에게 "느낌이 어떠세요?"하고 물었다. 그런데 나와 집단원 모두는 '생각'을 말했다. "느낌을 표현하라고 했는데 모두 생각을 말하시네요?" 나는 생각과 느낌을 구분할 줄 몰랐고, 특히 느낌을 자각하거나 표현할 줄 몰랐다. 개인상담이나 집단상담에 참여하면서 울기도 하고, 감동도 받았음에도 불구하고 그것을 '느낌', '감정'으로 인식하지 못했다. 그것을 인지하고 감정적인 언어로 표현한 것은 한참이 지나서였다.

이렇게 자신이 느끼는 감정을 밖으로 자연스럽게 표출하지 못하면 건강이 악화되고, 감정을 표현하고 싶어도 하지 못하는 '감정표현불능증(Alexithymia)'이 생길 수 있다.

상담을 만나기 전까지 이것은 '감정'이고, 이것은 '생각이다'라거나, '(부정적인) 감정을 느껴도 된다"라거나, '(부정적인) 감정을 표현해도 된다'라는 것을 알려준 사람이 있었나를 생각해 보았다. 없었다!

"잘 나가는 사람과 비교하는 마음으로 인해 현실이 불만족스러우면 어떤 느낌이 드세요?"라고 묻는다면, 예전 같으면 "글쎄요. '내가 복이 없어서 그런가 보다!'고 생각을 하게 돼요."라는 식으로 대답했을 것이다. 이제 똑같은 질문을 다시 받는다면, "좌절하면서도 화가 나요. 무력해지기도 하고 무능감도 느끼고. 때로는 이렇게 살다가 죽을까봐 두려워요."라며 감정을 표현할 것이다.

감정은 몸의 감각과 연결되어 있었다. 감정을 느끼면서도 그것을 '느낌'으로 인지하지 못하고 있었다는 것에 새삼스레 놀랐다. 그만큼 주의가 생각에 꽂혀 있었고, 밖을 향해 있었다.

느낌이 뭐예요?

나는 감정이나 느낌에 무감각하다는 것을 나중에 알았다. 그리고 이것이 일반적으로 만연해 있다는 것을 알고 위안이 되기도, 놀라기도 했다. 우리 집단만 그랬던 것이 아니었다!

느낌은 신체에서 감정이 어떻게 감지되는지 묘사할 때 사용하는데, 본인이 직접 몸에서 알아채지 않으면 알 수 없다. 몸에서 느낌을 자각하고 머물 수 있는 능력은 머리로 이해한다고 해서 단번에 익혀지지 않는다. 왜냐하면 이성이 아니기 때문이다.

상담을 실시하면서 나는 고통을 호소하는 분에게 "지금 어떤 느낌이 드세요?"라며 감정을 묻는다. 그러면 "아무 생각이 없는데요.", "머리가 하얘지는데요.", "느낌이 뭐예요?"라고 되묻는 경우를 만난다. 예전의 내 모습을 보는 것 같다.

일반적으로 사람들은 오랜 세월 동안 상처받은 아픈 마음을 한 방에 빨리 치유(치료)하고 싶어 한다. 치유되려면, 감정을 몸으로 느끼고, 그것을 정서적 언어로 표현할 수 있어야 한다고 말하고 싶다. 그러기엔 시간이 조금 더 필요하다. 조급해질수록 찬찬히 나아가야 한다.

대부분의 사람들은 자신이 고통스럽다거나 힘들다고 말하면서도 '느낌'에 대해 아무것도 모른 채 살아간다. 고통스런 느낌은 느끼고 싶어하지 않고 회피하거나 외면하고 싶어 한다. 하지만 그것으로부터 자유로울 수 있는 유일한 길은 그것을 느끼는 것이다. 자신을 힘들게 하고 괴롭히는 그 느낌, 즉 그 기분(氣分, 감정)을 몸으로 느껴야만 그 고통에서 자유로워질 수 있다.

사실, 우리가 몸의 감각을 느낄 때, 내면이 더 고요해진다는 것을 알려준 사람도 가르친 곳도 없었다. 고통스러운 부정적인 감정*을 피하지 않고 몸으로 느끼면 그것으로부터 해방될 수 있

---

*　보통, 감정과 정서를 혼용해서 사용하고 있다. 감정(emotion)은 경험에 대한 정신생리학적 각성과 반응성의 포괄적인 범주를 지칭할 때 사용한다. 감정은 어원(라틴어 motore, 움직인다는 뜻)이 시사하듯이 행동을 추진하고 항상 몸과 연결되어 있다. 그리고 자신이 놓여 있는 일련의 환경적인 상황에 대한 개인의 직관적인 평가이다. 정서는 신체의 외부에서 감정이 어떻게 보이는지를 묘사할 때 사용한다. 느낌(feeling)

다는, 이 진리를 알았을 때 얼마나 기뻤는지 모른다.

여기서 빈칸 ___안에 들어갈 공통 단어가 무엇인지 알아
보자.

* ___은 뇌 깊숙이 장착된 생존 프로그램이므로 의식으로
  통제하지 못한다.
* 개개인의 유전이나 기질, 유년기 경험에 따라 우리는
  을 다르게 경험한다.
* ___을 무시하면 대가가 따른다.
* ___과 동떨어지면 우리는 외로워진다.
* 어떤 사람들은 문제가 생기면 ___을 차단하는 것으로 대
  처한다. 이런 태도에는 부작용이 있다. 삶에 흥미를 잃는
  다. 마음을 닫는다. 머리가 멍해진다.
* 어떤 사람들은 ___을 차단하지 못하고 ___에 쉽게 압도당
  한다.
* ___을 차단하면 만성적으로 스트레스에 시달리고 불안과

은 신체의 내면에서 감정이 어떻게 느껴지는지 묘사할 때 사용한다. 뇌
연구는 마음챙김(sati, mindfulness)의 태도로 호흡하고 있는 몸에 주의
를 집중하면 감정 조절이 증진될 수 있다는 것을 보여 준다. David J.
Wallin(2016), 『애착과 심리치료』, 김진숙·이지연·윤숙경 공역, 학지사
참고.

우울을 비롯한 각종 심리 증상을 경험한다.
* 인간은 ___이 필요하지만 바로 그 ___ 때문에 상처를 입
  는다.
* 그래서 인간의 마음은 ___을 무시하고도 살아갈 수 있는
  놀라운 능력을 발달시켰다.[*] 그것은 방어(기제)를 이용하
  는 것이다.

다 맞췄을 것이다. 빈칸 ___에 들어갈 공통 단어는 바로 '감
정'이다.
감정을 느끼기 위해서는 먼저 감각에 깨어나야 한다. 감각
에 깨어나는 가장 손쉬운 방법은 자신의 몸에 주의를 두는
것이다. 주의를 두는 데는 연습이 필요하다. 언제 어디서나
손쉽게 할 수 있는 것 중 하나는 호흡을 관찰하는 것이다.
호흡은 우리의 몸과 직접적으로 관계 맺고 있다.

버려질 뻔했던 순간이 몸에 남긴 흔적

내가 만약 출가하지 않았더라면, 지금 알게 된 진실을 평생 모
르고 살았을 가능성이 높다. 미술치료를 받을 때의 일이다. 어

---

[*]   힐러리 제이콥스 헨델(2020), 『오늘 아침은 우울하지 않았습니다』, 문
    희경 역, 더 퀘스트 참고.

느 날 대상관계(object relations) 워크숍에 참석했다. 강의를 듣는 내내 나는 내가 기억하지 못하는 때에 무슨 일이 있었다는 확신이 들었다.

대상관계이론은 프로이드 이후 정신분석학 테두리 안에서 발전한 몇 가지 이론들 중의 하나이다. 이 이론은 생애 초기 양육자와의 관계 경험이 자아구조의 형성 발달에 미치는 영향을 중점적으로 다룬다. 즉, 생애 초기 주요 타자들과의 관계에서 경험한 것이 어떤 정신적인 표상(mental representations)과 대인관계의 상호작용의 틀로 내면화**되어, 개인이 외부 사람들과 관계 맺는 기본 방식을 결정한다는 이론이다.

그 날 밤 나는 고향으로 갔다. 내가 기억하지 못하지만 어머

** 내면화는 유아가 환경이나 대상의 특성을 내면으로 받아들여 자기의 특성으로 변형시키는 심리적 기제를 말하며, 내면에서의 자기와 대상의 분별화 정도에 따라서 나누어진다. 함입(incorporation)은 대상의 특성이나 대상과의 경험이 자기 내면으로 받아들여져 미분화된 자기-대상 표상으로 사라지는 기제를 가리킨다. 내사(introjection)는 대상의 행동이나 태도, 기분 혹은 분위기 등이 자기 이미지로 융화되기보다는 대상 이미지로 보존되는 기제를 말한다. 동일시(identification)는 내사된 대상의 특성들을 선별적으로 받아들여 자기표상으로 동화시키는 기제를 말한다. 함입이나 내사보다 좀더 선택적이고 세련된 내면화기제라 할 수 있다.(Hamilton, 1988) https://blog.daum.net/mindmove/1758 참고.

니가 알고 있을지도 모르는 어떤 이야기가 듣고 싶었다. 늦은 밤에 도착했기 때문에 우리는 함께 나란히 누웠다. 그리고 어머니에게 물었다.

"보살님, 나 뱃속에 있을 때 떼버리려고 했어요?"

"아니, 아들 놓을까~ 해서 그런 생각은 안했지."

"그럼, 나 어릴 때 버리려고 했어요?"

… …

"… … 그걸 어떻게 알았어?"

과거로 돌아가자마자 어머니는 어린 딸을 대하듯이 편하게 말을 놓았다. 어머니가 기억하는 상황은 이러하다.

부모님은 딸 넷을 낳고 얻은 삼대독자 하나로는 부족해서 남자아이를 더 원했다. 그래서 하나 더 낳은 자식이 언니이다. 그래도 아들 낳기를 포기하지 않고 얻은 자식이 나였다. 여섯 번째 딸이자 일곱 형제의 막내였다.

딸자식이 많은 가난한 농사꾼의 속사정을 알고 있던 친척의 권유가 있었다. 자식 없는 집으로 막내딸을 보내면 맛있는 음식을 배불리 먹일 수 있고, 대학까지 보내주며, 게다가 성인이 되면 친어머니를 찾아오니, "지 자식 어디 안 간다."는 말에 어머니의 마음이 움직였다.

어머니는 돌이 되지 않은 막내를 데리고 읍내 친척댁으로 갔다. 그때 마침 3살이던 언니가 엄마와 같이 가겠다고 졸랐고,

어머니는 언니를 데리고 갔다. 그곳에서 입양을 원하던 사람들과 이런저런 이야기를 한참 나눴다.

"그때 나는 어땠어요?"

"너는 여기 왼쪽 무릎 위에 앉아서 오른쪽으로 고개를 돌려 말똥말똥 쳐다봤지!"

어머니는 그날의 장면을 마치 어제 일처럼 생생하게 기억하고 있었다. 내 생일은 잊었으면서.

"그런데, 자야(바로 위 언니)가 울며불며 여기 오른편 뒤쪽 허벅지를 꼬집으면서 동생 데리고 집으로 가자고 하~~도~ 졸라서 못 주고 돌아왔지. 차마 못 주겠데~!"

그 일에 대해 몇 번 더 물었다. 신기하게도 어머니는 이야기할 때마다 약간씩 다르게 기억했다. 예를 들어 처음엔 아버지 몰래 어머니 혼자 결정했다고 했다가, 다음번엔 아버지도 알았을 것이라고 이야기하는 식이었다.

몸을 다루는 사람들은 내 몸이 오른쪽으로 틀어져 있다는 것을 단번에 발견하곤 했는데, 신기하게 느꼈다. 아마도 그 당시 깜짝 놀란 몸이 어머니를 향해 오른쪽으로 돌아간 건 아닐까!

그 후 나는 개인상담이나 가족들과의 대화 또는 스님들과의 대화에서 이 이야기를 여러 번 반복해서 다뤘다. 그럴 때마다 그저 지나간 옛이야기를 추억하는 정도였고, 그때의 감정에 직접적으로 가 닿지는 않았다.

그러다가 사이코드라마에서 그때의 상황을 연출했는데 깜짝 놀랄 정도로 순식간에 그때의 감정에 가 닿았다. 인지적으로 말하는 것과는 전혀 다른 차원의 접촉이 일어났다. 역할에 들어가자마자 몸은 다 기억하고 있었던 것처럼. 시작하자마자 가슴에서 눈물이 터져나왔다.

역할을 바꿔가며 수십 차례 사이코드라마를 했는데 그때마다 눈물이 났다. 처음엔 내가 어린 나 자신이 되었다가, 차츰차츰 어머니 역할도 하고, 언니 역할도 했으며, 입양하고 싶다던 사람 역할 그리고 아버지 역할 등을 바꿔가며 연기했다.

어머니 역할을 할 때였다. 막내딸이 얼마나 예쁘고 사랑스러운지 온통 자랑 일색이었으나 몸은 극도로 긴장하고 있었다. 언니 역할을 했을 땐 언니의 다급함과 두려움이 느껴졌다. 어머니의 허벅지를 꼬집으면서 동생을 데리고 가자며 울던 언니는 동생과 아주 끈끈하게 연결되어 있어서, 헤어진다는 것은 살이 찢어지는 듯한 두려움과 고통이었다. 모녀의 상황을 바라보던 청중의 역할을 했을 때, 나는 이들이 측은하게 느껴졌다. 이 가족이 서로 사랑하는 모습을 보고 차마 데리고 갈 수는 없었다. 제일 마지막엔 아버지 역할을 했다. 그 자리에 아버지가 함께 하진 않았으나, 아버지 심정이 어땠을지 짐작하며 역할에 들어갔다. 아버지는 주변을 빙빙 돌며 그 상황을 쳐다볼 수 없었다. 아는 체하기도 모른 체하기도 어려운, 어찌해야 할지 모른 채 무기력을 느꼈다. 역할을 바꿀 때마다 처음 흘리는 것처럼 눈물이 흘러내렸다. 몸은 기억하고 있었다. 역할을 바꿔보면 그 사람의 입장으로 순식간에 옮겨갔고, 그들이 어떠했는지 새로운 이해와 앎이 생겨났다.

내가 느낀 어머니의 긴장과 불안은 어린 내가 느낀 그것과는 다른 차원의 아픔과 슬픔이었다. 가난이 빚어낸 상처가 참으로 가슴 아팠다. 어머니 역할을 자주 할수록, 그녀의 고통에 더 깊이 연결될수록, 어머니의 사랑과 은혜가 커져 감사함이 더 자라났다.

다른 가족들도 마찬가지였다. 내가 그들의 역할을 하면 할수록, 가족들의 아픔과 상처에 가 닿을 수 있었고 그들에 대한 감사함도 커졌다. 상처가 있던 자리는 사랑과 감사함으로 대체되었다. 자비심은 애써 기르는 것이 아니라, 아픔이 흘러나가니 그 자리에 저절로 가득찼다. 신기하게도.

감정에 이름을 붙여야 하나요?

감정이 우리들의 삶에 얼마나 중요한지 여기서 잠시 살펴보고 넘어가자. 용타 스님의 동사섭 프로그램에 참여했을 때 스님께서 "불교에선 감정은 서자庶子 취급된다."고 이야기했던 기억이 난다. 그만큼 한국불교에서 감정은 다뤄지지 않았던 영역이다.

상담을 공부하다 보면 어떤 학자는 증상이나 감각에 이름 붙이는 일을 그만 두어야 한다*고 조언하고, 다른 학자는** 감정에 이름을 붙이라고 말한다. 어떻게 하라는 걸까? 마치 서로 다른 주장을 하는 것처럼 들린다. 하지만 본질적으로 이 둘의 목적은 같다.

우리는 다섯 가지 감각 기관을 통해 감지하고 행동한다. 여기서 중요한 것은 몸의 감각과 감정은 서로 연결되어 있다는 점이다.

먼저 감각이나 증상에 이름을 붙이지 말라는 쪽의 근거는, '압박감'이나 '피로' 같은 명칭은 그 자체를 경험할 수 없기 때문이다. 예를 들어 십이지장궤양이나 천식이라고 했을 때, 우리는 그 명칭 자체를 경험할 수 없다. 감각이나 증상에 이름을 붙임으로써 감정에 접촉하는 것을 방해할까 봐 이름을 붙이지 말라고 말한다.

요약하면, 신체적인 질병에 먼저 이름을 붙임으로써 그 감각이나 감정을 경험하지 않을 수 있기 때문에, 의식적으로 어떤 명칭도 부여하지 말고 몸이 경험하는 감정, 즉 본질 속으로 들어가라는 말이다.

---

*   데이비드 호킨스(2016), 『치유와 회복』, 판미동, p.52.

**   David J. Wallin(2016), 『애착과 심리치료』, 김진숙·이지연·윤숙경 공역, 학지사, p. 127.

반면 답답함, 불안함, 우울함, 무기력감 등 신체적인 경험에 이름을 붙이는 작업은 단순히 그 경험과 동일시하고 그것에 의해 압도되기보다는 그것을 관찰하는 데 도움이 될 수 있다. 자신이 두려워하는 것에 이름을 붙이면 역설적으로 불안이 감소하게 된다. 마치 부처님이 "너희들은 마라의 딸들이구나!"라고 이름을 붙였을 때. 그녀들이 힘을 잃어버리는 것처럼. 민담에서도 악의 정체를 확실히 파악하고 그 이름을 밝히는 것이 악을 물리치는 방식의 하나이다.[***]

우리는 불확실성 때문에 더욱 불안을 느낀다. 그런데 이름을 붙이는 순간 불확실성이 감소하게 된다. 또한 우리가 몸의 감각을 느낄 때 생각이 고요해진다.

"너희가 감각에 적대하지 않을 때, 그것이 완벽한 깨달음과 같은 것이 됨을 알게 될 것이다."[****]
_ 승찬의 『신심명』에서

알아차림을 통해 몸에 대한 자각이 증진되고, 느낌이 고통스럽지만 견딜 수 없는 것은 아니라는 감각이 생겨나면, 무의식적

[***] 이부영 (2019), 『한국민담의 심층분석』, 집문당, p.156.
[****] 켄 윌버 (2006), 『의식의 스펙트럼』, 박정숙 역, 범양사, p.253.

인 것들을 의식적으로 처리하고 통합할 수 있게 된다.

머리로 아는 것만으로는 인격이 변화하기 힘들지만 감정에 대한 통찰이 생기면, 그 경험이 사람을 변화시킨다. 그래서 지적인 통찰보다 정서적 통찰이 더 치료적이라고 알려져 있다.

몸의 상태나 감각 그리고 느낌을 알아차리고, 이름 붙이기를 통해 신체적 감각이 감정과 연결되면, 그 감정이 일어났던 맥락과 연결될 수 있다. 감정과 연결된 맥락을 알게 되면 자신을 이해하는 데 도움이 된다.

돈이 있으면 시간이 없고, 시간이 있을 땐 돈이 없어요

인정받고 싶은 욕구는 대학생활 동안 더욱더 커져 갔다. 하지만 이런 자신을 의식하지 못했다. 처음엔 승려전형으로 선학禪學과에 입학하였고, 불교학이 바탕이 되어야 한다는 신념에서 불교학을 복수전공했으며, 사회복지학도 함께 전공했다. 사회복지사의 다양한 역할 가운데 상담자 역할이 있다는 것을 알았다. 나는 4년 동안 세 학과를 전공하느라 무척 바빴다.

졸업 무렵이었다. 어떤 남학생이 5년 동안 4과목을 전공했다는 말을 듣는 순간 '아! 나도 그럴 걸!'이라고 생각했다. 나는 인정받기 위해서, 잘난 사람으로 보이기 위해서 닥치는 대로 공부한 것 같다. 마치 허기진 사람이 허겁지겁 먹어대는 것처럼.

학비와 생활비를 마련해야 하니, 스님이 할 수 있는 아르바이

트인 기도를 하면서 학교에 다녔다. 동국대학교 병원엔 법당이 있어서 아침 일찍 기도하고 등교할 수 있었다. 그때 한 스님이 "스님이 복이 없어서 그렇지!"라고 했던 말이 가슴 아프게 남아 있다. 설사 그렇다 하더라도 그렇게까지 말을 했어야 할까! 방학 기간은 다른 절에서 기도하며 살았고, 평상시엔 단기 부전─사찰에서 예불이나 기도 등 의식을 집전하는 역할을 맡은 스님─도 살았다. 4년 내내 앞만 보며 살았다.

여행도 다니고, 맛집도 찾아다니는 다른 스님들과 비교하는 마음이 일어날 때마다 '이렇게 사는 데는 이유가 있을 거야. 나중에 후배들이 어떻게 공부하냐고 물어오면, 선배로서 도움을 주기 위해 먼저 경험하는 것뿐이야~' 하면서 스스로 의미를 부여했다.

"다른 스님처럼 여행도 다니고 도반들과 어울리며 왜 살지 못하냐?"고 물어오면, 나는 "돈이 있으면 시간이 없고 시간이 있을 땐 돈이 없어요."라고 말했다. 핑계같지만 그땐 그랬다. 돈이 생길 때마다 상담 관련 프로그램에 참여하였고 없으면 쉬었다.

나는 전통승가대학(강원)에서도 대학교에서도 도반 관계가 넓고 깊지 못했다. 게다가 강원 도반이나 학교 스님들과 지향점이 달랐다. 나는 자신의 내면을 보는 데 관심이 갔다. 비슷한 시기에 미술치료, 호스피스, 상담 등에 호기심을 갖는 스님은 있었어도, 이 여정을 같이 가는 이는 보이지 않았다.

도반들에게는 내가 외도하는 승려로 보였을지 모르겠다. "그거 해서 뭐 할 건데?", "공부해서 뭐하는데?", "박사학위 하고 나면 뭐하는데?"라는 질문을 받기도 했다. 외로웠다. 하지만 '누가 행복하고 즐겁게 사는지 그건 두고 봐야 안다'고 생각했다.

이전에는 불교가 너무 방대해서 뭐가 뭔지 잘 몰랐다가 졸업할 무렵이 되자 마음이 조금 놓였다. 논리적으로 이해했을 뿐인데도 구슬이 꿰지는 듯한 느낌이 들었다. 교리에 대해선 더 이상 혼동되지 않을 것 같았다. 그러나 현실적인 승려 생활은 예전과 다름없이 편안하지도, 깨달았다고 느껴지지도 않았다.

무의식의 힘을 알다

임종 환자의 영적 돌봄을 제공하는 불교계 호스피스 공동체와 인연이 있었다. 그때는 호스피스 활동을 하고 싶은 마음과 죽음에 대한 두려움의 관계를 알아채지 못했다. 나는 그곳에서 영적 돌봄 전문가로 성장하며 함께 수행하고 싶어서, 임상사목교육 (CPE; Clinical Pastoral Education) 과정을 밟았다.

이 분야의 전문가로 성장하기 위해서는 교육분석(개인상담)을 의무적으로 받아야만 했다. 시작은 자발적이지 않았다. 공동체 대표 스님은 정신분석가를 공동체로 초청해서 스님들이 개인상담을 받을 수 있도록 지원해 주었다. 개인분석을 받았던 가장 젊은 스님은 출가한 지 몇 년 되지 않은 사미니인 예비 스님이었고, 최고참은 일생 동안 참선을 했던 노비구니 스님이었다.

스님들은 난생 처음 개인상담을 받기 때문에 오리엔테이션을 가졌다. 나는 오리엔테이션에 참석하지 못했지만, 그날 밤 꾸었던 꿈은 아직도 생생하다. 꿈속에서 "응애~~~" 하는 신생아의 탄생 목소리를 들었다. 깜짝 놀라 깼다. 그땐 꿈을 분석할 줄 몰라 두렵기만 했다. 이 내용을 개인상담에서 이야기하는 것으로 정신분석을 받았다.

나는 정신분석을 받아야 할 만큼 특별한 문제가 있다고 생각하진 않았으나, 상담을 받는 동안 여러 가지 통찰이 있었고 눈물도 자주 흘렸다. 상담에서 다룬 내용이나 그 결과에 대해 기록하지 않아서 자세히 나눌 수 없는 것이 아쉽다. 주로 대인관계, 경제적 문제-등록금, 생활비, 상담비, 워크숍 비용 등-와 진로-불교상담가로 성장할 것인지 불교학을 전공할 것인지-에 대해 이야기를 많이 했던 것으로 기억한다.

몇 가지 변화는 다른 사람에게 관심을 갖게 되었다는 것과 타인의 말에 집중하고 경청하게 되었다는 점이다. 또 어느 정도 감정 조절이 가능해졌다. 나는 종종 '버럭~!' 하고 화를 내거나 짜증스럽게 성질을 부리곤 했는데, 그 뿌리에 불안이 있다는 것을 알았다. 결과적으로 나는 상담을 전문적으로 공부하기로 마음먹었다.

함께 정신분석을 받았던 스님들도 개인상담이 효과가 있다고 말했다. "다른 스님들도 다~ 상담을 받았으면 좋겠어."라며 입을 모았다. 우리는 무의식의 힘을 알아가기 시작했다.

상담도 수행이 될 수 있겠다

상담은 지금까지 수행해 왔던 전통적인 불교 수행과는 분명 다른 경험이었다. 개인차는 있었지만 상담을 받는 동안 스님들은 불가佛家에서 다루지 않았던 자신의 삶을 털어놓으면서 변화가 일어났다고 고백했다. 상담받은 효과로 인해 긍정적인 분위기가 조성되었다. 스님들은 "상담도 수행이 될 수 있겠다."며 "불교가 상담을 활용해서 묵은 감정을 다뤄야 한다."고 입을 모았다.

나는 개인상담을 받은 경험이 논문의 주제가 될 수 있겠다고 생각했다. 지도교수님과 정신분석가의 동의와 도움을 받아 개인상담을 받은 스님들의 경험을 연구하기로 결정했다. 이때까지 나는 문헌적인 연구 이외에 다른 연구 방법이 있다는 것을 알지 못했다. 다행히 질적 연구 수업이 다른 학과에서 개설되어 한 학기 동안 수강할 수 있었다.

연구를 시작하기 전에는 질적인 연구의 고단함을 알지 못했다. 현상학적 질적 연구는 육체노동에 가까울 정도로 고되고 힘들었다. 내가 석사학위 논문을 쓸 때까지만 해도 불교상담학과에서 질적 연구를 한 사람은 없었다. 스님들이 교육분석을 받은 경험을 논문 주제로 연구하였고, 이 내용은 석사학위 논문*에 수록되었다.

구사일생 석사학위 논문

나의 석사학위 논문 통과는 교수님들의 개혁적이고 진취적인 열린 마음이 있었기 때문에 가능했다. 교수님들에 대한 감사함이 크기 때문에 이 이야기를 하지 않을 수 없다.

논문 심사가 가까워지자 심각하게 제동을 걸어오는 스님이 생겼다. 그분과 나는 강원 선후배 사이로 친하게 지냈다. 그분도 상담에 관심이 있었다는 걸 학교에 와서 알았다. 스님은 유명한 최면치료사에게 최면을 배우자고 제안했다. 스님들만 모아 단기간에 수업이 진행되기 때문에 수업료가 조금 비싸지만 함께 하자고 권유했다. 나는 교육비가 없었는데, 선배는 자신이 빌려줄 테니 나중에 갚으라고 말했다.

나는 TV 프로그램에도 자주 나왔던 그 최면치료사가 쓴 몇 편의 논문을 미리 읽었다. 그런데 논문에 불교를 잘못 이해하고 인용하거나 해석하는 부분이 여러 곳 보여서 못마땅했다. 나는

---

* 여성 출가자의 교육분석에 대한 현상학적 연구, 동국대학교 불교문화대학원 불교상담전공 석사학위논문, 차효록, 2008.

그에게 직접 확인하려고 밑줄을 그어두었다. 돌이켜보면 나는 그를 만나기 전부터 그에게 화가 나 있었던 것 같다.

게다가 교육 장소는 출입문을 제외하고 밀폐된 장소였고, 한겨울에 난방도 없었기 때문에 몹시 추웠다. 몸은 긴장되고 웅크려져 수업에 집중할 수 없었다. 수백만 원의 수업료는 아까웠으나 어느 때보다 더 성의 없이 삐딱하게 수업에 참여했다.

6명의 참여자 가운데 최면에 걸리는 스님은 한두 명에 그쳤고, 태내까지 퇴행하면서 체험한 스님은 한 명뿐이었다. 평소에 화두를 들거나 알아차림으로 자각하는 훈련이 되어 있는 스님들이 최면에 걸리기 쉽지 않았다.

나는 최면치료를 배우겠다고 결정한 것을 몹시 후회하며, 내면의 불만족을 온몸으로 표현했다. 스스로 선택한 자신에게 화가 났는데, 이 모습을 보고 선배는 자신을 향한 도전으로 받아들였던 것 같다. 돌아와서 나는 선배에게 꾸중을 들었다.

선배는 자신이 계획한 고가의 교육에 무성의하게 임한 나의 태도를 문제 삼아 혼내는 것 같았다. 그렇게 쌓아 두었던 불만을 내 석사학위 논문 내용에 대해 제동을 거는 형태로 드러낸 것일까! 선배는 내 논문을 한 번도 읽어보지 않았음에도 불구하고 "밖으로 드러내서는 안 되는 스님들의 속이야기를 드러냈다."며 터무니없는 주장을 했다. 나는 답답했지만 대화하고 싶진 않았고 내심 걱정이 되었다. 선배는 영향력 있는 교수님을 찾아가 내 논문에 문제가 있으니 통과시켜 줘서는 안 된다는 분위기를 조성하였고, 일부 교수님과 학생들은 이 이야기로 술렁거렸다.

사실, 스님들의 속이야기를 드러내는 논문이 아님에도 불구하고, 스님들의 비밀스러운 이야기가 폭로될 것 같은 두려움 때문이었을까! 내 논문이 '문제가 있다'는 억지 소문이 돌았다.

한편, 여러 교수님을 중심으로 이 논문을 지지하는 분위기가 형성되어 교수회의가 소집되었고, 내 논문은 구사일생으로 통과될 수 있었다. 노력해 주셨던 모든 교수님들께 깊이 감사드린다.

그도 나를 버리고 간다

호스피스가 무슨 말인지도 모른 채 '자원봉사'라는 말에 꽂혀 호스피스 교육을 받기 위해 정토마을*에 갔다. 단순히 죽음에 관심이 있을 뿐이라고 생각했다. 하지만 이 글을 쓰면서 나는 죽음의 공포와 두려움이 늘 나와 함께하고 있었다는 것을 알았다.

그것이 출생 트라우마인지, 유아기 때의 수술 경험인지, 17년

---

* 불교계 호스피스 활동 단체로 호스피스 교육을 정기적으로 진행하고 있다.

동안 투병하며 죽음의 문턱을 넘나들었던 아버지의 영향인지, 자살 시도를 했던 남자친구였는지는 알 수 없다. 어쩌면 이 모두가 영향을 끼쳤을 터이다.

남자친구는 같은 마을에서 나고 자란 국민(초등)학교 친구였다. 무슨 이유에서인지 그는 고등학교 3학년 봄에 자살 시도를 했다. 자살 동기에 대해서 그가 나에게 말했을지도 모르겠지만 내 기억에 남아 있진 않다. 당시 그는 자가면역질환 진단을 받았다. 우리는 심리적인 괴로움에 대해서 이야기하기보다는 학교 성적이나 진로에 대해서 더 많은 대화를 한 것 같다. 대학 진학에 집중해야 할 때였으나, 나는 자살 시도를 했던 남자친구에게 관심이 더 많았다. 그 사건이 준 충격 때문이었는지 입시 스트레스 때문이었는지, 나는 몸에 이상 증상이 나타났다. 의사는 10대에는 잘 걸리지 않는 갑상선질환이라고 말했다.

나는 '내일 죽더라도 후회가 남지 않도록 해야겠다'고 마음먹고 사랑하는 마음을 남자친구에게 전하려고 애썼다. 하지만 결과는 그다지 좋지 않았다. 그의 자살 시도는 무의식 차원에서 그도 '나를 버리고 간다', '나는 버림받는다'로 인식되었던 것 같다. 버림받는 것에 대한 두려움과 공포가 깊은 무의식에 깔려 있던 나에게 그것은 두려움을 증폭시키는 큰 사건이었다. 그때는 인식조차 할 수 없었지만, 무의식에서 '이 사람도 믿을 수 없다. 이 사람도 나를 버릴 것이다'와 연결되었던 것 같다.

내가 아니다!

불교상담 석사과정에 입학하고 호흡이나 몸 상태 그리고 마음의 변화를 기록한 메모에는 이렇게 쓰여 있다.

개입하지 말고, 싸우지 말고, 회피하지 말고. 핑계 대지 말고, 해결하려 말고, 없애려 말고, 끝까지 관찰만 한다. 개, 강아지, 말을 보듯이. (2008. 12 ~ 2009. 1)

아마 어느 지도자의 안내 멘트를 기록한 것 같다. 이때 호흡은 목구멍이나 가슴 부위까지 왔다 갔다 하는 정도로 짧았고, 느낌은 자각하지 못했으며 몸의 불편한 감각을 인지할 뿐이었다. 주로 호흡을 관찰했으나 자비 명상, 죽음 명상, 관상 기도를 할 때도 있었다.

그 당시 나는 사람의 말(공동체 원장 스님의 약속)을 믿고 의지했다가 실망하는 일이 있어서, 그분을 향해 내면에서 '약속을 지켰어야지!'라며 비난했다. 명상을 할 때는 극심한 다리 통증이 있었는데, 이 통증은 '내가 아니야'라고 속삭였지만 여전히 아팠다.

명상하면서 유기불안 장면을 반복해서 떠올려 보았지만, 어떤 경험이나 변화는 일어나지 않았다. 단지 그 장면을 상상하는 것만으로는 충분하지 않았다.

명상할 때 과거의 일들이 영화처럼 생생히 떠오르면, '기억일 뿐, 생각일 뿐, 진정한 자아가 아니다'고 알아차렸으나 사라지지 않고 계속 떠올랐다. 어느 날은 두려움에 대해서 명상하다가 사랑받고 싶은 마음이 있다는 것을 자각했다. '사랑받지 못하면 버려질지도 모른다'는 두려움과 관련이 있었다. 사랑받고 싶어하는 마음이나 두려움에 대해 그것은 '내가 아니다', '나(我)가 아니다'고 하는 방식, 즉 탈동일시를 했다. 하지만 이런 방식의 명상은 내 경험으로는 치료적이지 않았다.

탈동일시(disidentification)

탈동일시는 아사지오리(Roberto Assagioli)가 제창한 개념이다. 보통사람들은 의식의 흐름과 자기를 동일시한다. 하지만 정신통합(자기치유-자기실현-자기초월의 모든 단계를 포괄)에서는 의식의 흐름과 그것을 보고 있는 자기를 식별하는 탈동일시를 강조한다.

아사지오리는 의식적인 자기(나) 외에 초월적 자기(transpersonal self)가 있다는 점에 주목한다. 예를 들어, '내게는 신체가 있지만, 나는 신체 그 자체가 아니다', '내게는 감정이 있지만, 나는 감정 그 자체는 아니다' 등이다. 그래서 그는 무엇보다 '의지(will)'를 중요시한다.

일반적으로 보통사람은 자신의 신체, 사고, 감정, 욕망, 충동, 행동, 후회, 불안, 성격의 취약점이나 결점 등과 자신을 동일시한다. 하지만 그것을 관찰하는 자기와는 다르다고 하는 의식화가 있는데 이것을 탈동일시라고 한다. 즉, 탈동일시는 동일시 현상에서 벗어나는 것을 의미한다.

탈동일시는 단순하게 들리지만 실제로는 매우 힘들고 아픈 심리적인 과정이 따른다. 왜냐하면 자기 이미지의 기저에는 무의식적인 강한 집착이 잠재하고 있으며 여기서 벗어나서 자기 이미지의 경계선을 새롭게 확장해야 하기 때문이다.[*]

중요한 것은 타이밍

위에서 나는 두려움에 대해서 명상하다가 사랑받고 싶은 마음이 있다는 것을 자각하고, 그것은 '내가 아니다'라는 방식으로 탈동일시부터 했을 때 치료적이지 않았다고 말했다. 한편, 아사지오리의 탈동일시에 대해서 소개했다. 그럼 동일시를 해야 할까? 탈동일시를 해야 할까? 이 둘은 모순되는 것처럼 보인다. 하지만 둘 다 필요하다. 중요한 것은 발달적으로 적절한 시기(timing)이다.

---

[*]   정인석(2003), 『트랜스퍼스널 심리학』, 대왕사, pp.157-190 참고.

동일시와 탈동일시를 치료적으로 활용하기 위해 켄 윌버(Ken willber)*가 통합 영성(Integral Spirituality)에서 제시한 내용을 간단히 소개하고 싶다. 내 경험으로는, 윌버의 말처럼 '찾고, 직면하고, 그리고 재-소유하기'를 통해 치유가 일어났다.

자기 자신을 괴롭히는 무의식의 어떠한 것(그림자)을 알아차리고, 직면하고, 그리고 재-소유하기(그것을 인정하고 느끼며)를 통해서 치료가 일어났다. 여기서 직면하고 재-소유하는 과정이 동일시에 해당하고, 그 후에 재-소유한 그림자를 놓아주는 것이 탈동일시에 해당된다. 아사지오리가 말한 자기(Self), 즉 본성(주인공, 자성 등)은 몸이나 감정, 충동, 생각 등으로 한정 지을 수(동일시할 수) 있는 대상이 아니었고-예, "나는 분노를 갖고 있어. 하지만 내가 분노는 아니야."-, 무한한 의식으로 경험되었다.

먼저 무의식에 쌓여(숨어) 있는 부정적인 신념이나 감정의 쓰레기를 직접 만나고, 그것을 충분히 경험하게 되면 자연스럽게 탈동일시가 일어났다. '어떻게 직접 만나느냐?'고 묻는다면, 그 방법은 매우 다양하다고 말하고 싶다. 언어적 접근으로는 심리치료나 상담이 있고, 비언어적 접근으로는 명상, 사이코드라마, 춤치료, 음악치료, 예술치료, 모래놀이치료 등 다양한 접근 방

트랜스퍼스널심리학의 대가이자 통합심리학 분야를 대표하는 학자로 '의식 연구 분야의 아인슈타인'으로 평가받는 철학자이다.

법이 있다.

찾고, 직면하고, 그리고 재-소유하기

이것이 무엇을 말하는지, 켄 월버가 예시로 든 분노의 치료 과정을 가능하면 쉽게 설명해 보겠다.

만약 내가 내 상사한테 화가 났지만, 그 분노의 느낌이 나의 자기감(예, "나는 착한 사람이야. 착한 사람은 화를 내지 않아")에 위협이 된다면, 나는 분노를 (자신도 모르게 무의식으로) 분리시키거나 억압할 것이다. 그러나 단순히 분노를 부인하는 것이 그것을 없애지는 못하며, 겨우 분노의 느낌이 내 자신의 의식에서 소외되어, 나는 분노를 느끼지 않을 뿐이다.

나는 억압되고 소외된 분노를 투사할지 모른다. 분노가 계속해서 일어나지만, 화내는 이가 '나'일 수가 없기 때문에 그것은 다른 누군가여야만 한다. 투사가 되면, 갑자기, 세상이 매우 화난 사람들로 가득 차 보인다. 그것도 나에게 화를 내는 사람들 말이다! 실제로 나는 내 상사(너, 2인칭)가 나를 해고하고 싶어 한다고 생각한다(이것이 투사다). 그리고 이것은 나를 완전히 우울하게 한다. 내 자신의 분노의 투사를 통해 "화난"은 "슬픈"으로 변한다. 그런데 나는 먼저 이 분노를 내 것으로 받아들이지 않고서는(동일시하지 않고서는) 결코 우울을 벗어날 수 없을 것이다(탈동일시 할 수 없을 것이다).

내가 내 자신의 성격적 특징들을 부인하고(deny) 투사할 때마다, 그것들은 '저 밖에(3인칭)' 나타나, 나(1인칭)를 두렵게 하고 짜증나게 하고 우울하게 하고 사로잡는다.

간단히 말해, 나의 분노 느낌들이 일어날 때, 그것들은 1인칭(나) 분노에서 2인칭(너) 혹은 3인칭(그) 타자로 전환된다. 나의 일부가 내 자신의 '나(1인칭)' 안에서 '그것(3인칭)'으로 나타난다. 그리고 이러한 '그것' 느낌들과 대상들은 완전히 나를 좌절시킨다. 우울함이나 불안함, 그것은 나를 엄습하거나 미치게 만든다. 예를 들면, 어떤 사람이 상사 곁에 있을 때마다 머리가 아프다면 그 사람의 마음 안에는 다음과 같은 전환이 일어날 수 있다. '나는 착한 사람이야, 나는 결코 화를 내지 않아. 그렇지만 이 두통이 나를 죽이고 있어.'

심리치료의 목적은 이 '그것 느낌'을 '나 느낌'으로 전환함으로써 그림자를 재-소유하는(re-own the shadow) 것이다. 그림자를 다시 갖는 그러한 행위-3인칭에서 1인칭으로 전환시키기-는 고통스런 증세의 근원을 제거한다.

심리치료의 목적은 '그것'을 '나'로 전환시키는 것이다. 프로이트는 이것을 "이드(id, 그것)가 있는 곳에 에고(ego, 나)가 있으리라.", "그것이 있는 곳에, 내가 존재하리라."고 말했다. 이드가 있는 곳에 에고가 존재하고 나서, 그게 일어나면, 자신의 에고를 초월할 수 있다.

명상에선 그 목적이, 무엇이 일어나든 간에 떼어 놓거나 탈-동일시한다. 그리고 실제로 명상 수련자들은 나타나는 어떠한 나 혹은 나의 것으로부터 탈-동일시하라고 가르침을 받아왔다.

그러나 만약 그림자의 재-소유가 먼저 취해지지 않으면 (무의식에 있는 것이 의식화되지 않으면), 그때 분노에 대한 명상은 단순히 소외를 증폭시킨다. 명상은 '초월하면서 부인하기'가 된다. 이것은 치료가 아니라 문제이고 병리적인 발달이다. 건강한 발달은 '초월하면서 포함하기'이다.

발달의 어느 시점에서, 만약 나의 일부에 대한 소유권이 부인되면, 그것들은 그것(it)으로써 나타난다. 그리고 그것은 초월이 아니라 병리이다. 소유권을 부인하는 것은 탈-동일시가 아니라 부정이다. 그것은 충동에 대한 소유권이 인정되고 느껴지기 전에 탈-동일시하려는 것이고, 그러한 부인은 해방이 아니라 증세를 낳는다. 그리고 일단 소유에 앞선 부인이 일어나면 명상의 탈-동일시와 탈-집착(detachment)의 과정은 그것을 더 악화시킬 공산이 크고, 어떤 일이 일어나도 그 근본 원인에 도달하지 못할 것이다. 그러므로 이 그림자〔예, 분노〕는 내가 올바르게 초월할 수 없을 하나의 고착이다. 그림자를 초월하기 위해선, 그 '그것'이 먼저 '나'가 되어야 한다. 그리고 그때, 그 '나'는 '나를/나의 것'이 되며, 혹은 진정으로, 실질적으로 탈-동일시되고 놓아지고, 그리고 초월된다.

이 상처에 가 닿는 것, 그리고 부인된 자기의 일면을 재-소유하기는 치유(therapia)의, 혹은 치료의 핵심이며 심리학과 영성에 대한 다른 어떠한 통합적 접근에서도 핵심적인 부분이다.

이것은 '소유된 자기와 탈-동일시하는 것이 초월이다. 부인된 자기와 탈-동일시하는 것은 이중의 해리이다'로 요약될 수 있다. 명상은 이 둘 다를 할 수 있다. 하지만 먼저 자신의 그림자를 탈-동일시부터 해서는 그림자로부터 치유되지 않는다.

이야기가 길어졌다. 이것에 대해 조금 더 알고 싶다면 켄 윌버의 통합영성을 참고할 수 있다.[*]

---

[*] Ken Willber(2018), 『켄 윌버의 통합영성 - 근대와 탈근대 세상에서 종교의 놀라운 새 역할』, 김명권·오세준 역, 학지사.

고난 그리고 성장

상담심리전문가가 되는 과정은 많은 시간과 재원이 필요했다. 하지만 승가의 지원금은 부족했고 시간도 제한적이었다. 나는 다른 스님들보다 더 자주 학교에 다녔고 상담에 필요한 다양한 교육을 받기 위해 외출도 잦았다. 이런 생활 방식은 공동체의 다른 분들과 형평에 맞지 않았다. 그곳에서 생활하면서 상담자로 성장한다는 것이 현실적으로 어렵다는 것을 인정하고 나는 공동체에서 나왔다.

막상 나오자 당장 잠잘 곳도 없었다. 대학교 과정에 다니는 스님들은 기숙사에서 생활할 수 있었지만, 대학원부터는 개인적으로 머물 공간을 마련해야만 했다. 자유가 큰 만큼 책임도 컸다.

스님들이 대중에 살면 여러 가지 이익이 있는데, 무엇보다 서로 지지하고 격려하며 수행하기 좋은 여건이 될 수 있다. 하지만 공동체에서 요구하는 소임을 살면서 상담자로 성장하기에는 적절한 환경은 아니었다.

급하게 수소문해서 소개받은 곳이 어느 재가자 한옥의 방 한 칸이었다. 이 지면을 빌려 소개해 준 스님과 집주인에게 감사를 전한다. 그곳에서 몇 개월 생활하다가 동국대학교 강사였던 한 비구니스님을 우연히 만났다. 나는 스님의 도움을 받아 금련선원*에서 박사과정에 입학할 때까지 집 걱정 없이 학교를 다닐 수 있었다. 스님은 자신도 여러 고난을 뚫고 유학했기 때문에 누구보다 내 처지를 공감해 주었고 지지와 격려를 아끼지 않았다. 미숙했던 내 모습을 있는 그대로 봐 주었던 고마운 스님이다.

어머니에게 돈을 빌려달라고 할 줄은 몰랐다

박사과정에 진학하기 위해 2010년 여름에 상경했다. 나는 그때까지 승가 공동체 안에서 보호받고 살았다. 출가해서 승가대학을 졸업할 때까지 대중 생활을 했고, 동국대학교에 입학하고 졸업할 때까지 비구니 기숙사에서 살았으며, 석사과정을 마칠 때까지 공동체에 있다가 금련선원에서 졸업했다. 이때까지의 가장 큰 어려움은 재정문제를 해결하는 것이었다. 그러나 이것은 기도하면서 받은 보시금으로 어느 정도 해결할 수 있었기 때문에 공부에만 집중할 수 있었다.

그런데 서울 생활은 조금 달랐다. 바랐던 대학원에 입학했지만, 서울에서 생활할 곳을 구하지 못했다. 때마침 서울에서 잠시 주지 소임을 맡고 있던 도반스님이 공부할 수 있도록 도와주겠다고 연락해 왔다. 좀처럼 내기 어려운 마음을 낸 도반에게 무척 감사했다. 도반은 나와 또 다른 비구니스님을 돕겠다고 나

---

* 경주에 위치하고 있는 아파트형 비구니스님 공동체.

섰으나, 그 절에는 우리가 기거할 수 있는 방이 부족했다. 도반은 우리가 잠잘 수 있도록 절 근처 일반주택의 방 한 칸을 빌려주었다. 아침 공양은 절에서 하고, 학교 가는 날 점심은 도시락을 싸기로 했으며, 저녁은 각자 해결하기로 했다.

나는 새벽 일찍 영어 학원에 들렀다가 학교에 가는 식으로 두어 달 동안 생활했는데, 동숙하던 스님이 개인적인 사정이 생겨 거처를 다른 곳으로 갑자기 옮겨야 했다.

우리 방은 2층에 있었다. 우리는 1층 주인집 거실을 지나 2층으로 올라가야 했다. 1층엔 집 주인의 30대 아들이 혼자 살고 있었다. 곧 결혼을 앞둔 좋은 사람이지만, 나 혼자 그 방에 남는다는 것이 내키지 않았다. 그 방을 혼자 사용한다고 생각하니 몸이 긴장되었다. 도반은 방세를 계속 지원하겠다고 했으나 그럴 수는 없었다.

그 무렵 꿈을 꾸었다. 아주 큰 호랑이가 슬금슬금 가까이 다가오더니 얼굴에 코를 대고 숨을 크게 내쉬었다. 숨결이 너무 생생해서 화들짝 놀라 깼다. 그 방에서 혼자 지내는 것이 너무 무서웠을까? 동숙했던 스님이 나갈 때 나도 같이 방을 나오게 되었다.

딱히 도움을 청할 사람이 없었거니와 오라는 곳도 없었다. 월세방을 얻기엔 고정 수입이 없었고, 전세를 얻기엔 재원이 턱없이 부족했다. 나는 인터넷을 검색해서 저렴한 방을 물색했고 3

평도 안 되는 원룸을 얻어 급히 짐을 옮겼다. 저렴해서 다급히 계약했는데, 두어 달 지나 겨울이 되자 공용 세탁기가 얼어붙어 세탁을 할 수 없었다. 방문을 열면 곧바로 골목인 것도 불안했다. 정신을 차리고 마을을 살펴보니, 바로 재개발을 해도 이상할 게 없을 만큼 어둡고 낙후된 동네였다.

어느 날 언니가 내가 이사한 곳을 방문했다. 나는 이곳에 사는 것이 왠지 불안하다는 이야기를 했는데, 나도 모르게 눈물이 났다. 언니는 어머니에게 말씀드리고 돈을 빌려, 학교 근처 더 안전한 방으로 옮기라고 권유했다. 나는 출가했기 때문에 어머니에게 돈을 빌린다는 생각을 해 보지 못했다. 내 신세가 처량하게 느껴졌을까! 언니 앞에서 펑펑 울었다. 출가 후 두 번째 흘리는 눈물이었다. 속세를 떠나 세속적인(?) 고민에 빠질 거라곤 생각하지 못했다. 출가하면 절에서 모든 것이 해결되는 줄 알았던 터라 이런 일이 생길 줄 상상하지 못했다. 출가로 인해 마음 아프게 해드렸는데, 출가해서까지 근심을 안겨드리는 것 같아서 더 눈물이 났다.

가장 불안하고 두려웠던 것은 스님들의 공동체를 떠나 일반 사람들이 사는 원룸에서 혼자 사는 것이었다. 사찰이나 스님들과 함께 살았더라면 그렇게까지 불안하거나 두렵지 않았을 것 같다. 나는 이사를 몇 번 더 했고, 그때 빌린 돈은 아직도 갚지 못하고 있다.

권위를 세우지 않는 전공 교수님

개인상담을 해 주었던 정신분석가의 소개로 박사과정에 입학을 하고 보니, 우리 전공 신입생은 나 혼자였다. 입학 동기가 없다 보니 정보를 얻는 것이 더뎠다. 게다가 서울 생활이 정착되지 않아 심리적으로 불안했다. 상담전문가가 되기 위해 밟아야 하는 전 과정이 한 학기가 지날 무렵에야 하나씩 귀에 들어왔다.

나는 자아초월상담학의 매력에 푹 빠졌다. 가장 놀라운 것은 교수님들의 탈권위적인 모습이었다. 어느 수업시간에 나는 '자기자비(Self-compassion; 고통스러운 순간에 과도한 자기비난에 빠져드는 대신에 너그럽게 스스로를 이해하고 돌보는 태도)'라는 말을 듣고, "그런 게 어딨어요! 자비는 타인 자비 아닌가요?"라며 승려라는 권위를 앞세워 당당하게 주장했다. 내가 속한 전통에서 자비는 늘 타인을 향한 자비였지, 자신을 향한 자비는 들어보지 못했기 때문에 나는 속으로 당황했다. 그때 교수님은 내 주장에 대해 반박도 논박도 하지 않고 대신에 친절하고 부드럽게 넘어갔던 기억이 난다. 권위의 옷을 내려놓고 학생들을 대하는 전공 교수님의 모습은 인품을 갖춘 선비처럼 보였다. 그들에게 수업을 듣는 것이 뿌듯했고 무의식을 탐구하는 여행이 즐거웠다.

그때는 몰랐으나 지금은 알게 된 사실

왜 여태껏 몰랐을까? 나는 박사과정에 입학한 후에야 한국의 양대 상담학회*의 존재를 알았다. 그전까지 불교상담학회나 다른 몇몇 학회에 가입하고 수련을 해왔으나, 주류 학회 이야기는 처음 들어서 충격을 받았다. 주류 상담계의 상담심리전문가 수퍼바이저 자격을 취득하기 위해서는 그 학회에 가입하고 그에 상응하는 수련을 받아야 한다는 것이다.

개인분석을 해 주었던 박사님도 귀국한 지 얼마 되지 않아서인지 그것에 큰 의미 부여를 하지 않았다. 그런데 박사과정 선후배들은 이미 그 학회의 전문가이거나 전문가 자격을 취득하기 위해 각자 수련을 몇 년 동안 하고 있었다. 전문가 자격이 있는 사람이 대단하게 보였고 부러웠다. 나는 나만 모르고 뒤처졌다는 생각에 불안해졌고 혼자 바빠졌다. 불안은 나를 앞으로 나아가게 하는 힘이 있었다.

---

* 한국상담심리학회와 한국상담학회를 양대 상담학회로 본다.

깨어나 그림자 껴안기

예비적인 수행으로서의 심리치료

교육분석을 받을 때부터 스님들의 삶에 관심이 있었다. 출가수행 생활을 하는데도 이상하게 화를 내고 불안해하며 대인관계의 어려움을 겪는지, 어째서 여전히 편안하지 않은지 궁금했다. 깨닫기 위해 출가해서 수행하지만 세속에서는 상상하지 못했던 부분, 예를 들어 자비보다는 무자비에 가까운 모습, 지혜보다는 무지無智에 가까운 언행 등을 마주할 때마다 '이게 뭐지?', '왜?'라는 의문이 들었다. 왜 나아지지 않는 것처럼 보이지? 스님들은 관세음보살처럼 따뜻하고 자비롭고 지혜로운 줄 알았다. 나도 그렇게 되는 줄 알았다. 그러나 스님들 또한 불완전한 인간이란 점에 대해서는 생각하지 못했다.

이 의문은 자아초월상담학을 공부하면서 이해되었다. 서구에서는 이미 40~50여 년 전부터 영적 스승들의 다양한 이상 현상에 대해 연구하고 있었다. 켄 윌버의 말을 빌려 표현하면 그것은 '그림자' 문제다. 그림자는 자신의 어두운 측면이다.

수행자가 자신의 그림자를 다루지 않고 방치하면, 일반 사람들처럼 다양한 문제들을 경험하게 되고 성장이 지체된다. 이 문제에 대해서 잭 콘필드(Jack Kornfield)*는 『깨달음 후 빨래감』이나 『마음의 숲을 거닐다』에서 자세히 다루고 있다.

그림자 문제를 잘 다루는 분야는 서구의 심리치료와 상담 분야이다. 그래서 영적 수행을 하는 데 걸림돌이 되는 심리적인 문제를 극복하기 위해서는 심리치료와 상담의 도움을 받는 것이 좋다. 심리치료는 영적 수행에서 예비적인 단계가 될 수 있다는 것을 나는 나와 내 주변의 수행자들을 통해서 알게 되었다. 명상과 심리치료는 각각 공헌점과 제한점이 있고, 서로를 보완할 수 있기 때문에 병행하는 것이 이상적이고 영적 발전에 도움이 된다.**

---

* 세계적인 불교학자이자 서양의 대표적인 명상지도자 중 한 사람이다. 달트 모쓰 대학에서 심리학 박사과정을 마친 후 태국과 인도 등지에서 불교 승려로 수행했으며, 나로파 대학, 에잘렌 대학 및 세계 각지의 수련원에서 위빠사나 명상을 지도했다. 그는 1976년 임상심리학 박사학위를 받았고, 심리치료사이자 수행지도자로서 활동하고 있다.
** 통합심리학의 지향점이다. 이 부분에 대해서 궁금한 점은 차효록(2013), 「불교 명상과 현대 심리치료의 통합 연구 동향」, 『불교와 심리』 제6호 참고.

그림자

그림자***는 자신이 아직 의식하지 못한 자신의 어떤 부분이다. 원래는 자신의 것이었으나 어떤 이유에서든 소외시켜 무의식에 억압한 자신의 어떤 측면이다.

이렇게 자신의 특정한 모습들을 소외시키는 행위는 두 가지의 결과를 낳는다. 첫째는 더 이상 이런 모습들이 자신의 것이라고 느끼지 못하고 다른 사람의 것이라고 잘못 인식한다. 둘째는 이런 모습들은 이제 환경이나 대상에 존재하는 것처럼 보인다. 자신의 에너지를 타인에게 줘버렸고 따라서 에너지는 부메랑처럼 되돌아와서 자신을 공격하는 것처럼 보인다.

그림자를 오랜 시간 숨겨 놓으면 이것이 자체의 생명력을 갖게 된다. 자생력이 있는 그림자는 마음이라는 집에서 무서운 괴물로 둔갑한다.

이 어둡고 소외되고 두려운 존재를 인식하지 못하면 다른 사람이나 다른 집단에 투사(projection)하게 된다. 남성은 여성에게, 백인은 흑인에게, 그리스도교는 무슬림에게, 나치는 유대인에게, 한국인은 일본인에게 투사한다. 그 역도 마찬가지다.

우리가 대인관계에서 버럭 화부터 내는 것은 우리 무의식

*** 켄 윌버 (2006), 『의식의 스펙트럼』, 박정숙 역, 범양사, 참고.

의 '아픈 곳'이 건드려졌기 때문이다. '아픈 곳'이란 격한 감정을 내포하고 있는 무의식의 콤플렉스이다. 그렇기 때문에 자기 자신의 그림자를 발견하고 인정하며 수용하는 과정은 영적 수행에서의 깨달음과 흡사하다. 이제 투사가 무엇인지 이해해보자.

투사(projection)

투사란 자아의 방어기제 중 하나로 개인이 자신의 용납할 수 없는 감정이나 충동, 사고 등을 부당하게 타인의 탓으로 돌림으로써 자기 자신의 내부의 문제나 결점이 자기 외부에 있는 것으로 생각하는 것을 말한다. 투사되는 내용은 투사하고 있는 사람의 무의식에 존재하면서 그에게 불안을 주는 충동이나 욕구들이다. 이것이 사고(thinking)의 형태로 투사되면 망상이 되고, 지각의 형태로 투사되면 환각이 된다.

투사는 쉽게 말해 흠잡기 또는 남 탓하는 것인데 예를 들면, 연애하고 싶은 마음이 투사되면 타인이 자신에게 연애하자고 수작 부린다고 여기게 되거나, 보살핌받고 싶은 욕구가 투사되면 아픈 사람이나 가난한 사람 등을 보살핌으로써 욕구를 충족하려고 한다. 투사는 긍정적으로도 부정적으로도 일어난다. 누군가가 자신을 공격할 것 같은 공포는 사실 자기 자신이 공격하고 싶은 감정이 투사된 것이다. 내면의 억압된 것, 무의식적인 것은 언제든지 투사될 수 있다.

뭐 저런 게 중을 한다고!

이즈음에서 나의 그림자 하나를 공유하고 싶다. 스님들은 세속의 나이와 상관없이 누가 먼저 출가했는지에 따라 그리고 누가 먼저 정식 스님이 되었느냐에 따라 위계가 정해진다.

그 스님은 나보다 속가 나이는 어렸으나 먼저 출가한 선배였다. 그분의 평상시 말씨는 평이했으나, 어른스님 앞에선 어리광 부리듯 혀 짧은 발음을 냈다. 어른스님은 사랑스럽게 봤을 수도 있겠지만, 평상어와 차이가 컸기 때문에 나는 신경에 거슬렸다. 그래서 은근히 그 스님을 무시하며 속으로 비난했다. '뭐 저런 게 중을 한다고!' 이런 마음 상태는 몇 년 동안 지속되었다.

집단미술치료를 하면서 알아차렸다. 혀 짧은 어리광스런 발음은 원래 나의 특기였다는 것을! 나는 가족 누구나 인정할 만큼 아버지의 사랑을 독차지했다. 늦은 나이에 막내를 두었기 때문인지, 막내를 보고 얼마 지나지 않아 투병이 시작돼서인지, 언니들 말처럼 내가 귀여워서였는지는 알 수 없다. 어쩌면 집안에 감도는 긴장과 불안감을 전환시키기 위해 어린 내가 자처한 것일 수도 있고, 무의식중에 버림받고 싶지 않아서 애교를 부렸을 수도 있다.

나의 어리광스러운 말투는 중학생 때까지 지속되어서 동네 아주머니들이 놀려대곤 했다. 하지만 고쳐지진 않았다. 그러다가 어느 날 갑자기 멈추었다. 무엇이든 갑자기 멈추면 위험한 것 같다.

중학생 때 남자친구가 생겼는데, 그는 점잖은 어른처럼 보였다. 어리광부리던 내 행동은 일순간 멈췄다. 그런 말씨를 사용하는 게 창피했다. 그렇게 갑자기 그쳤고 아무런 문제가 없는 듯 보였다.

출가 후 그 스님의 어리광스러운 모습을 보자마자 나는 나도 모르게 불편했다. 과거에 해결되지 않은 채로 갑자기 중단되었던 나의 모습이, 그 스님의 모습에서 보였던 거다. 어리광스러운 모습에 용납할 수 없었던 부끄러운 내 모습이 투사되었던 것이다. 내 마음 안에서 일어난 불편함은 나의 몫이고, 그녀의 것은 그녀의 몫이다.

이런 자각이 생기자 그녀의 행동과 상관없이 참회하는 마음이 일어났다. 멀리서나마 그 스님을 향해 참회의 절을 올렸다. 그 후에도 그분의 행동이 달라진 것은 아니지만, 나는 그전처럼 불편하지 않았다.

이상한 행동에는 그럴 만한 이유가 있다

대중에서 생활하면서 자꾸 불편한 것이 있다면, 그것을 자기 자신의 그림자로 보고, 자신의 내면을 먼저 탐색하는 것이 낫다. 성장기에 겪었던 용납할 수 없는 감정이나 생각들, 자신이 감당할 수 없는 상처나 아픔은 자신의 무의식에 억압되거나 방치된다. 억압되고 소외된 것은 힘이 있다. 이 에너지는 시기와 장소 그리고 대상을 달리해서 작은 자극에도 반응을 일으킨다. 보통은 대인관계에서 나타난다.

예를 들어 대중생활에서 누군가가 보기 싫은 사람이 있다고 해보자. 꼴 보기 싫은 그 모습은 어쩌면 자기 자신의 보고 싶지 않은 측면인지 모른다. 용납할 수 없는 자신의 어떤 부분이 다른 사람을 통해서 보이는 것인데, 그것을 수용할 수 없는 경우에 그 사람이 보기 싫게 된다.

애초에 감당할 수 없어서 자신의 무의식 속으로 억압한 것이니, 다른 사람을 통해서 보게 되더라도 수용할 수 없다. 다른 사람을 통해서 보게 되는 불편한 모습은 자기 자신의 어떤 모습일 수 있다.

어떤 사람이 어떤 행동을 하는 데는 그만한 맥락이 있다. 이상한 행동에는 그럴 만한 이유-자극, 환경, 조건 등-가 있다는 것을 전제하고 타인을 볼 필요가 있다. 그것을 알고 다시 보면, 한없는 자비와 연민이 솟아난다. 자기 기준으로 보는 관점 때문에 문제가 일어난다. 이런 자기중심적인 기준은 자신의 삶의 경험에서 만들어진다.

흥미로운 점은 불교와 심리학은 둘 다 자기 자신을 힘들게 하는 원인이 자신의 내면(내부)에 있다고 보기 때문에, 잡고 있던 것을 놓아 버리고 싶다면 자신의 내면(마음)으로 들어가라고 조언한다. 하지만 그것이 자신도 모르는 의식(무의식)에 있다 보니, 자기도 알지 못한다. 그래서 정견正見, 즉 올바로(정확히) 보기가 어렵다.

보통의 경우, 고집멸도苦集滅道 사성제四聖諦를 바르게 아는 것을 '정견正見'이라 해석한다. 이렇게 해석하고 그친다면 단어나 개념에 갇혀서 정작 탐색해야 할 구체적인 내용은 놓치게 된다. 심리학에서 정견은 자기 자신의 내면의 현상을 있는 그대로 보는(경험하는) 것이라 할 수 있다.

자기 내면에 쌓인(집集; 내면의 부정적인 감정이나 생각의 덩어리) 것이나 억압된 것은 가만히 있지 않는다. 억압이 많을수록 완고해지고 고집이 생긴다. 반면, 쌓인 것이 남아 있지 않으면, 거슬리지 않고 유연하다. 똑같은 상황에서 어떤 사람은 화가 나더라도 어떤 사람은 괜찮다. 예를 들어, 고통스러울 때 아이들은 우는 것으로 표현한다. 고통이 없어질 때까지 울면 문제가 없다. 하지만 우는 동안에 갑자기 어떤 생각이나 상황이 개입되어 갑자기 울기를 멈출 수 있다. 울기 경험을 40% 하고 60%가 남아 있을 때, 남아 있는 감정의 찌꺼기인 60%는 쌓인다. 이것은 무의식에 억압되고, 무의식 속에 퇴적된 것은 굉장히 불안정해서 어떤 일을 일어나게 한다. 쌓인 것은 강력한 힘을 가지고 있어서 나도 모르게 프로그램처럼 작동된다. 온전히 경험되지 않은 무의식적의 퇴적물은 계속 나오고 반복되며 패턴이 된다. 이것을 충전 또는 프로그램이라고 부를 수 있다.

불교의 표현을 빌리면, 쌓인 것이 많을수록 번뇌와 망상에 시달리게 된다. 그래서 번뇌를 끊기(?) 위해서는 '무엇이' '얼마나' '어떻게' 쌓여 있는지 자신의 마음 안을 탐색하는 것이 놓아 버리는 데 도움이 될 수 있다.

한편, 불보살님은 여여如如하다. 그물에 걸리지 않는 바람처럼 자유롭다. 우리는 불보살님처럼 되기를 원한다. 만약 대인관계나 상황에서 불편한 것이 있다면 그것은 자기 내면을 보라는 신호이다.

공부할 때 책이 교과서가 되듯이, 수행할 때는 자기 자신의 내면이 교과서가 된다. 내면을 보기 위해서 명상할 때, 처음에는 눈을 뜨는 것보다 감는 것이 도움이 된다. 눈을 감으면 자신의 내면이 보이기 시작한다. 보면(자각하면, 알아차리고 체험하면, 경험하면) 그것으로부터 자유로워진다.

비구니의 생애에 대한 연구

2011년 10월 12일 수요일 일기

나는 2013년까지 박사학위 논문을 다 쓰고
2014년 봄에 박사학위를 받는다.

위 내용을 일기장에 써 두었다는 사실을 까마득히 잊고 살았다. 최근, 우연히 일기를 보고 무척 놀랐다. 그즈음 MBSR(Mindfulness-Based Stress Reduction; 마음챙김을 기반으로 하는 스트레스 감소 프로그램으로서 명상과 요가를 활용하는 심신수련법) 방식으로 명상을 하고 있었다. 명상 전후의 느낌이나 생각을 기록하면서 이 내용을 썼던 것 같다. 나는 실제로 2014년 봄에 박사학위를 받았다.

나는 비구니스님들의 생애를 보고 싶었다. 그들의 출생과 성장배경, 성장 과정과 출가 동기, 출가 이후의 삶과 수행 여정을 살펴보면서 수행 생활을 한다는 것이 무엇인지 알고 싶었다. 이 부분은 거의 베일에 가려져 있던 주제였다. 그런데 이 연구에 대한 주변 스님들의 저항과 두려움이 예상보다 컸다.

이왕 할 것 같으면, 승가나 일반 사회에서 유명한 스님들을 대상으로 인터뷰하는 것이 낫겠다는 권유가 있었다. 그래서 이름난 스님들에게 전화를 하거나 지인을 통해 의사를 확인했지만 어쩐 일인지 대부분 거절했다. 그 이유와 유형에 대해서는 박사학위 논문에 자세히 실어두었다.

이 연구를 계속했다가는 '내가 조계종에서 승적을 박탈당하는 것이 아닌가!' 하는 두려움이 밀려왔다. 그래서 이 연구를 중단하고 다른 주제를 물색할까도 했지만 지도교수님은 지지와 격려를 해 주었고 그 덕분에 「한국 비구니의 생애사 연구」(2013

닌, 서울불교대학원대학교 상담심리학과)라는 제목으로 논문이 세상에 나올 수 있게 되었다. 지도교수님의 은혜가 크다. "감사합니다. 교수님!"

"스님, 음식에서 자유로워지고 나면 오세요."

박사과정 때 나는 두 곳에서 일하면서 수학修學했다. 달마학교 지역아동센터 센터장과 서울의료원 불교법당 지도법사 소임이었다. 사회복지사 1급을 취득한 것과 호스피스 교육을 받은 것이 유용했다.

낮엔 병원 법당에서 환우나 불자들을 만났고, 오후나 저녁에는 센터에서 업무를 보거나 청소년 상담을 했다. 학교와 일터는 서울의 양 끝 지점에 위치했기 때문에 거리가 아주 멀었다. 그땐 멀어서 힘들다는 생각보다는, 일할 수 있게 되어서 감사했다. 도움을 주신 모든 불보살님과 신장님 그리고 스님들께 감사하다.

가장 바쁜 시기여서 마치 마라토너처럼 질주하듯 살았다. 밤낮으로 종종거리며 일하고 공부하며 논문을 준비했다. 그런 어느 날, 알고 지내던 한 스님이 찾아왔다. 그녀는 성장 과정에서 양육자로부터 받은 상처가 있는 분이었고 우리는 그것에 대해 공유한 적이 있었다.

그녀는 나와 함께 있을 땐 음식을 가리지 않고 잘 먹었다. 그런데 그날따라 "오신채-대승불교에서 먹지 못하는 다섯 가지 채소. 마늘(대산)·파(혁총)·부추(난총)·달래(자총)·아위(홍거)의 다섯 가지로, 대부분 자극이 강하고 냄새가 많은 것이 특징-를 못 먹는다."고 딴지를 걸었다. '그럼, 예전에 먹었던 건 뭐지!' 이런 의문은 한켠에 두었다. 좋은 스님이라는 이미지가 필요했을까! 오랜만에 만났으니 잘 해 주고 싶었다. 하지만 바빴기 때문에 살짝 짜증이 났다. 소형 냉장고 안에는 아침을 준비할 충분한 채소가 없었다. 나는 사찰 요리하듯이 정성을 쏟을 시간도 에너지도 부족했다. 그러나 최대한 공들여 1시간 동안 준비했다.

아침 공양을 하면서 "스님, 음식에서 자유로워지고 나면 오세요."라고 한마디 말해 버렸다! 그때 조금 참을 걸! 그 후로 그녀는 연락하지 않는다. 내 말이 상처가 된 것이 자명했다. 그때 나는 다른 사람을 품을 마음의 작은 공간도 없었고, 나-중심적이어서 다른 사람을 배려할 줄 몰랐다. 그래서 종종 상처를 주곤 했다.

이 일이 있은 지 오래되었지만, 나는 가끔 그때 생각이 났다. '이것과 관련된 나의 상처가 있을까?' 생각해보면 나는 음식 앞에서 투정하는 사람들이 싫었다. '그런 사람이 누가 있지? 그건 바로 내 아버지였다!' 몸이 허약하고 아파서였을까! 아버지는 밥상에 고기반찬이 없으면 반찬을 투정하는 어린아이처럼 늘 어머니에게 잔소리를 했다. 그때는 그것이 싫고 무서웠지만 아무 말도 하지 못했다.

얼굴이 편안해졌다

심리치료나 상담 이론을 더 깊이 이해할수록, 치료가 어떻게 일어나는지 그 과정을 알게 될수록 나는 편안해졌다. 무엇보다 자아초월상담학에서 배운 지혜는 그동안 내가 가진 의문을 해소시켜 주었다.

전통승가대학을 졸업하고 거의 10년 만에 도반스님들을 만났다. 도반은 내 외모가 바뀌었다고, 얼굴에 붉은 기운(열감)이 다 사라지고 피부도 맑고 투명해졌고 얼굴이 편안해졌다고 말했다. "외모가 참 편안해졌다", "좋아졌다" 같은 이야기를 자주 들었다.

스스로 느낀 변화는 심리적으로 편안해진 것뿐만 아니라 몸이 이완됐다는 사실이다. 과거엔 긴장하는지조차 인식하지 못했다. 적극적으로 이완하게 하는 아우토겐 트레이닝*을 한 이

---

* 　독일의 신경학자이자 정신과 의사인 요한네스 슐츠(Dr. Johannes Schultz, 1884~1970)는 동양의 명상수행에 바탕을 둔 아우토겐 트레이닝(Autogenes Training, 자율훈련법)을 창안했다. 그는 환자들에게 명상 연습을 시켰고 수년간 철저하게 연구했다. 명상을 통해 마음의 평정과 자가치료를 촉진하는 자율훈련법은 지금까지도 광범위하게 행해지고 있다. J.J. 클라크(2004), 『동양은 어떻게 서양을 계몽했는가』, 우물이 있

후부턴 '이것이 긴장이구나!'라고 알아차렸고 의도적으로 힘을 빼는 연습을 했다. 마치 주먹을 쥐었다가 펼치면 편안해지는 것처럼. 몸이 이완되니 숙면을 할 수 있게 되었고 훨씬 편안해졌다. 그런데 긴장된 몸은 단번에 이완되지 않았다. 이 과정은 수년에 걸쳐 지금도 진행되고 있다. 내가 몸에 힘을 주고 있다는 것을 가장 먼저 알아차린 곳은 두 주먹과 팔이었다. 어느 날 반수면 상태에서 내가 두 팔에 힘을 주고 있다는 것을 자각했다. '어~! 왜 이러지? 왜 내가 힘을 주고 있지!' 하고, 힘을 빼기 시작했다. 그다음엔 두 손이었다. 거의 대부분 잠을 자다가 무심코 깨는 순간 몸의 감각을 알아차리면, 나도 모르게 힘을 주고 있다는 것을 자각했다. 알아차리는 순간마다 의식하면서 일부러 힘을 뺐다. 두 팔과 두 주먹 다음엔 양다리와 목 그리고 머리, 턱, 혀 순이었다. 요즘도 잠결에 나도 모르게 아래턱에 힘을 주고 있다는 것을 알아차리고 이완한다. 나는 아주 어릴 때부터 온몸에 힘을 주고 산 듯하다. 여러분도 몸의 힘 빼기 연습을 해 보라고 권하고 싶다.

는 집, pp.227-228.

팔이 잘 빠지는 장군

내가 자랄 땐, 농촌에는 한겨울에 일이 없었다. 아버지는 다른 이웃 어른들처럼 화투를 하지 않았다. 왜냐하면 할아버지가 화투로 집안을 말아먹는 과정을 지켜보았기 때문에, 그로 인한 상처가 있었던 것 같다.

심심해서 재미있는 놀이를 찾았을까? 나를 너무 사랑해서일까! 아버지는 "모야-아버지가 불렀던 애칭-, 너는 다리 밑에서 주워 왔으니 너거(너희) 부모 찾아가라."며 어린 나를 마루로 내놓곤 했다. 추운 겨울날 한옥 문고리는 무척 차가웠다. 손이 닿으면 찰싹 붙을 정도였다. 나는 공포에 휩싸여 자물시듯(까무러지듯) 울부짖었다.

나는 안 나가려고 안간힘을 쓰며 "싫어!", "안 돼!" 하며 고함을 지르고 발버둥을 쳤다. 그런 모습이 아버지는 재미있었던지 웃으며 즐거워했다. 아버지는 하룻밤에 몇 번이고 이 놀이를 해 댔다. 언니도 똑같이 당했다. 그런데 언니는 "이~~잉~!!" 하고 얌전히 울었다. 그런데 내 반응은 크고 강렬했다. 이 장난의 여파인지 나는 어릴 때 팔이 잘 빠지는 아이였다. 사촌 오빠가 "남이 장군!"-어릴 때 별명- 하고 팔을 잡아당기면 그대로 쑥 빠지곤 했다.

대학원에서 신체심리학을 배우면서 감정이 신체와 연결되어 있다는 것도 알았다. 내가 두 팔에 주의를 처음으로 준 것은 박사과정에서 동료들과 자조집단상담을 할 때였다. 팔이 저릿저릿해지는 것을 느꼈다고 말하면, 동료들은 팔이 대인관계와 관련이 있다는 피드백을 했다.

어느 날은 허리 통증으로 양의원과 한의원을 몇 개월 다닌 적이 있는데, 별로 낫지 않았다. 그때, 비니요가(viniyoga; 개별화에 초점을 둔 일대일 맞춤식 요가)를 하고 팔의 통증이 사라졌던 기억이 났다. 나는 몇 년 만에 다시 치유를 위해 요가선생님을 찾았다. 그녀는 내 몸동작을 보며, "왼쪽 팔이 몸통과 따로 노는 것 같아요."라며 왼쪽 팔의 수상함(?)을 포착해냈다.

그때는 몰랐으나 한참 시간이 지나고 나서, 아버지와 어린 나 그리고 그 장난과 상처(트라우마)가 서로 연결되어 있다는 것을 알았다. 그 아이는 오랜 시간 동안 수난을 당했다.

나에서 우리로

나-중심적인 강사

대학에서의 강의는 꿈같은 일이다. 박사학위를 받자마자 석사 지도교수님이 강의할 기회를 주었다. 서울에서 경주까지 출퇴근길이 힘들었지만 신나고 감사했다. 부처님께 약속을 지키는 것 같아 뿌듯했다.

어릴 적 내 꿈은 두 가지였다. 중학생 때는 스님이 되는 것이었고, 고등학생 때는 심리학자가 되는 것이었다. 출가하고 40대가 되었을 때, 나는 비구니로서 상담심리사 1급이 되었다. 꿈이 현실이 되었다.

나는 대학에 입학하고 나서부터 불보살님께 '부처님, 돈이 필요해요. 돈 좀 주세요! 학위 받고 전문가가 되고 나서 회향할게요! 그러니까 돈 좀 주세요!' '공부할 수 있도록 도와주세요. 나중에 꼭 회향하겠습니다!' 라며 간절히 애원하듯 기도를 했다. 상담심리전문가가 꼭 되고 싶었고, 돈이 절박했다. 등록금과 생활비 그리고 수련비였다. 내 속마음을 들여다본다면 아마 돈 달라고 부모에게 떼쓰는 어린아이 같았을 것이다.

처음 강의를 할 때는 너무 들뜬, 열정이 넘친 나-중심적인 강사였다. 불교학과에서 만나기 흔치 않은 상담과목이었기 때문에, 상담의 우수함을 전달하고 싶어서 욕심을 냈다. 스님들이나 불자들이 상담의 유용함을 알고 활용하기를 바랐다.

나는 수행자들은 일반인과 다를 것이라는 기대가 있었고, 어느 정도 믿었다. '스님들은 수행을 하니까 심리적인 문제가 없거나 적을 거야', '수행자는 자신의 내면을 더 잘 볼 거야', '수행자는 자신의 내면을 탐색하는 걸 즐길 거야', 스님들도 일반인이었다가 출가했을 뿐인데….

내가 수행자에 대한 환상을 접고, 있는 그대로 보기 시작한 것은 최근의 일이다. 이때까지만 해도 책에서 배웠던, 웰우드(John Welwood)가 말한 영적 우회(spiritual bypassing, 깨달음을 명목으로 영성과 영적 수행을 이용하여 개인적·감정적으로 '해결하지 못한 과제'를 회피하거나, 불안정한 자기를 지탱하려고 하고, 기본적인 욕구, 감정, 발달 과제를 아무것도 아닌 것처럼 치부해 버리는 것)에 대해 막연하게 생각했던 것 같다.

2014년 4월의 그날

그날도 불자佛子 환우(환자 법우法友)들을 만나기 위해 병실을 돌고 있었다. 텔레비전에서 세월호가 침몰하는 상황이 생중계되었다. 화면을 보면서도 믿기지 않았다. 어떻게 저럴 수 있는지도무지 이해되지 않았다. 가라앉는 배 주변에서 어슬렁거리는 배와 헬기. 얼핏 봐도 몇 시간 동안 아무것도 하지 않는 듯한 모습을 보며 그저 쳐다만 봤다. 프로이트의 빙산의 일각이 연상되었다.

그때까지 나의 사회적인 활동은 자발적이긴 했으나 승려로서 타인을 의식하는 행동이었다. 병원에서 환자들을 만나, 그들의 이야기를 듣고 기도하는 일은 지치고 힘들어서 짜증이 났고 화날 때도 있었다. 그렇지만 누군가는 해야 하는 일이기 때문에 의무감과 사명감으로 임했다.

세월호 참사를 보는데 그곳으로 마음이 흘러갔다. 뭔가를 해야 할 것 같은데, 뭘 어떻게 해야 할지 방법을 알지 못했다.

어느 날 팽목항에서 스님들이 기도한다는 불교계 소식을 들었다. 그제야 내려갈 용기가 났다. 나는 위기상담 서비스를 제공하고 싶었다. 5월 어느 날에 내려갔음에도 불구하고 전국에서 뜻을 같이하는 스님들이 팽목항에 모여들었다. 그런데 상담을 할 수 있는 부스가 보이지 않았다. 우리는 2박 3일 동안 기도 시간을 짜서 먼바다가 보이는 지점에서 목탁을 치며 염불하는 것으로 마음을 보탰다. 스님들의 기도가 가족들에게 힘이 된다는 이야기를 전해 들으니 기운이 났으나 아쉬웠다.

당시 비구니스님들은 목포의 한 사찰에서 제공한 방사에 짐을 풀었다. 그곳에서 서로 이야기하는 시간이 있었는데, 대부분

사회 문제에 관심이 있었다. 승가가 했으면 하는 일에 대한 다양한 주제가 나왔다. 어렴풋이 기억하건데 다음과 같은 이야기였다. "조계종에 출가한 다수의 스님은 자신이 자신의 생계, 주거, 의료, 학업, 건강, 노후 등을 책임져야 한다." "요즘은 예전과 달리 승가복지가 나아졌지만, 실감이 나지 않는다." "우리는 출가할 때부터 어디로 출가할 것인지, 누구를 은사로 정할 것인지, 출가 후 어떤 공부를 어디서 할 것인지, 어디서 살 것인지 등에 대한 자유가 있다. 대신 생계부터 노후까지 개인이 책임져야 할 정도로 조직적이지 못하다. 정신과 육체의 자유가 큰 만큼 책임이 뒤따른다." "승려로서의 생계 문제 등을 스스로 꾸려야 하는 것이 먼저다 보니, 이웃 종교인처럼 사회문제에 조직적으로 참여하거나 전념할 수도 없다."

이 모든 이야기에 동의가 되었다. 우리는 매슬로(Abraham Harold Maslow)의 욕구 단계*에서 가장 상위의 욕구인 자아실현

---

* 매슬로는 인간의 욕구를 단계로 표현했다. 피라미드형의 가장 아래층은 생존을 위해 필요한 생리적 욕구(음식, 갈증, 적절한 체온 유지, 섹스, 호흡 같은 욕구)이고, 그 위로 안전의 욕구(안정, 취업, 자원, 건강, 보호 등의 욕구), 애정과 소속의 욕구(타인과의 소통, 우정을 쌓고 애정을 주고받는 것, 공동체 속에서 지내는 것, 어떤 그룹에 속하고 수용되려는 욕구), 명예와 권력에 대한 욕구(존경을 받고 명예를 얻고 사회단체 내에서 두드러지고 싶어 하는, 자존감과 자기 존중을 포함하는 욕구), 자아실현의 욕구, 자아초

이나 자아초월의 욕구를 가지고 출가하지만, 현실은 가장 아랫부분인 생리적인 그리고 안전의 욕구에서 벗어나지 못하고 있는 것 같았다.

애초에 출가한 이유가 자신의 고통에서 자유롭기 위해서니, 어느 시기까지는 대개 자신의 수행에 집중할 수밖에 없고, 타인에게 관심을 기울이는 것은 그 후의 일이 되기 쉽다. 게다가 사회문제에 동참할 수 있는 교육이 승가 안에 있던가! 나는 그런 교육을 받은 적이 없다.

이런 현실에 대해 그곳에 모인 스님들 대부분 동감했다. 종단이 현대 사회문제에 조직적으로 응대할 의지가 더 있으면 좋겠다고 입을 모았다. 고통받는 사람들을 향한 스님들의 관심과 사랑을 느꼈던 밤이었다.

우리가 이런 이야기를 한 이유는 팽목항에서 조직적으로 활동하는 이웃 종교인들을 보면서 부러웠기 때문일 것이다. 그렇게 하지 못하는 우리 종단에 대한 아쉬움과 안타까움이 커서일 것이다.

그때 천주교 봉사자들은 바다에서 올라오는 시신을 닦고 염(殮; 시신을 수의로 갈아입힌 다음, 베나 이불 따위로 싸는)하는 봉사

월의 욕구가 위치해 있다. 하위 욕구가 더 강하고 우선이며 아래에 있는 욕구는 그 위의 욕구가 충족되기 전에 충족되어야 한다.

를 하고 있다고 들었다. 희생자의 가족이라면 누구든지 천주교에 감사할 것 같았다.

나는 팽목항에서 만난 한 스님의 소개로 대한불교조계종 사회노동위 위원장을 만났다. 그분을 만나서 이야기하는 중에 사회적 약자를 위해 조직적으로 활동하는 것이 낫겠다고 생각하여 노동위에 가입하고 활동을 하기로 마음먹었다.

그런데 몇 곳의 노동자 집회에 참여하면서 내가 허수아비 같다는 느낌을 받았다. 노동자들의 속사정뿐만 아니라 사주社主의 입장도 잘 알지 못하면서 승려로서 무조건 노동자 편에 서는 것이 불편했기 때문이다. 나는 양쪽의 입장을 명확히 알고 난 후에 나의 입장을 갖고 싶었다. 양쪽의 입장에 대해 이해하기 위해서는 내용을 파악하는 시간과 노력이 필요했다. 그런데 나는 그만큼 노동 현장에 쏟을 에너지와 시간이 없었고, 노동운동에 뛰어들 마음의 준비가 되어 있지 않았다. 1년여 후엔 조계종 사회노동위 활동을 그만 두었다.

이 일을 계기로 나는 승려 교육이 한편으로 치우쳐 있다는 것을 알았다. 시선이 사회보다는 개인 내면으로 향해 있다 보니 사회문제에 참여할 준비가 덜 된 것은 아닐까! 승려들은 개인 내면만 탐구하고 깨닫기만 하면 되는 걸까?

아!~~ 어머니가 얼마나 힘들었을까~!!

2014년 9월 19일 거머(Christopher K. Germer) 박사가 진행한 MSC(Mindful Self Compassion 마음챙김 자기 연민) 프로그램에 참여했다. 참여했던 다른 스님들은 바르게 앉은 자세를 유지했지만, 나는 누워서 이완하고 자기-연민 명상에 몸을 맡겼다. 두 손을 가슴에 올려놓고 토닥였다. 그때 갑자기 어머니가 떠올랐다.

나의 안전기지는 어머니의 젖가슴이었다. 내가 잠들기 위해서는 어머니의 젖가슴이 매일 밤 필요했다. 어머니는 늘 새벽부터 늦은 밤까지 밖에서 일을 했다. 내가 잠투정을 하면 아버지는 어머니에게 "아(애기)~~! 재워놓고 일해라!!"며 고함을 치곤 했다. 그러면 어머니는 하던 일을 제쳐두고 와서 나를 재워놓고 다시 일하러 나갔다.

명상을 하는데 그 기억이 영상처럼 눈에 선명하게 떠올랐다. 그 세션이 마칠 무렵, 나는 마음이 뭉클했으나 아무 일도 없었던 것처럼 일어나 앉았다. 그리고 점심시간이라 사람들이 자리에서 일어났을 때, 갑자기 감정이 폭발하듯 올라왔다.

어머니가 얼마나 힘들었는지가 느껴졌다. 그때 어머니는 자신도 쉬고 싶은 마음과 밖에 남아 있는 일을 얼른 해야 한다는 두 마음이 있었을 것이다. 잠깐 사이에 마음을 놓으면 자신도 잠들 수 있는 상황이었다. 나는 차가운 내 손을 어머니 젖가슴

속으로 밀어 넣곤 했었는데, 그때마다 어머니는 깜짝깜짝 놀랐다. 나는 어머니가 언제 나갔는지도 모른 채 잠이 들었다. 어머니의 힘든 삶이 새삼스럽게 떠오르면서 하염없이 눈물이 흘러내렸다. 어머니에게 너무나 감사해서 콧물과 눈물이 범벅이 될 정도로 소리 내어 울었다. "엄마, 감사해요. 엄마, 미안해요."

제대로 돌봄 받지 못했던, 사랑받고 싶었던 어린 내가 가여웠는지, 너무나 많은 일로 인해 힘들고 바빴던 엄마가 가여웠는지 모르겠다. 어쩌면 둘 다일 테지.[*]

어느새 공동 진행자 스님이 곁에 와 있다는 것을 느꼈다. 나는 혼자 울면서도 누군가가 옆에 있어 주길 바랐다. 그때 스님이 있어서 참으로 고마웠다. 스님은 곁에서 "함께 있어도 되는지"를 물었고 나는 고개를 끄덕였다. 그냥 있어 주기만 해도 좋았으련만. 스님은 뭣 때문에 우는지를 물었다. 나는 감정이 증폭되는 상황이라 느낌에 집중하고 싶었다. 그런데 대답을 하지 않으면 스님이 자리를 떠나갈까 봐 울면서 어머니 이야기를 했다. 그때 크리스-거머 박사를 친근감 있게 부르는 호칭-도 가까이 왔다. 크리스가 가보라고 해서 스님이 내 곁에 왔다고 말했다.

---

[*] 어머니는 2021년 1월 즈음 "나 산 게 헛살았어! 나 산 게 가여워~ 애닯고~"라며 자신의 삶을 돌아보며 한탄스럽게 말씀을 하셨다. 내가 기억하는 한 감정적인 단어로 말씀한 것이 처음이었다. 나는 어머니가 짠~! 해서 며칠 동안 마음이 쓰였다.

크리스는 곁에서 애정 어린 마음으로 함께 머물렀다. 손수건 하나가 젖도록 한동안 실컷 울었다.

진행자 스님은 크리스에게 내가 왜 우는지를 통역했다. 크리스는 나의 열림이 여러 사람에게 도움이 된다며 "Thank you."고 말했다. 충분히 울진 못했으나, 어느 정도 마음을 추스르고 주변을 돌아보았다. 뒤편엔 나를 기다리는 한 무리가 보였다. 나의 내면 작업이 마칠 때까지 기다린 사람들이었다. 교수님 2명, OO 스님 등으로 기억한다. 함께해 준 모든 분들에게 감사하다. 나머지 일정 동안 나는 승려라는 자의식을 내려놓고 워크숍에 집중했다. 내면의 상처를 만나고 머무르는 시간이 참으로 뭉클했다.

성소수자 법회와 인연

2015년 봄에 대한불교조계종 사회노동위 위원장이 불자 성소수자 법회를 소개시켜 주었다. 불자 성소수자들은 자신들끼리 15년 동안 한 달에 한 번씩 서울의 한 법당에서 예불하고 함께 식사와 차담을 나누며 불심佛心을 키웠다. 그러다가 자신들을 이해할 스님을 찾고 있었다.

법회 운영단은 내가 법회를 담당할 것이 걱정되었던지 미리 만나자고 했다. 성소수자에 대한 나의 이해수준이 어떠한지 알고 싶었을 것이다. 나도 이들도 서로 알아야 했다. 나는 미리 동성애를 다룬 심리학책을 읽고 영화도 몇 편 봤다. 그런데도 '동성애자'를 '동성연애자'라고 부르는 실수를 할 정도로 성소수자에 대해 무지無知했다.

우리는 2015년 부처님오신날을 몇 주 앞두고 첫 법회를 가졌다. 마음을 편히 갖고자 했으나 긴장되었다. 좁은 법당이 가득 찰 정도로 찾아온 사람들을 보고 놀랐고, 게다가 잘 생기고 평범한 외모 때문에 한 번 더 놀랐다. 한눈에 알아챌 정도로 드러나는 사람은 보이지 않았다. 이렇게 인연이 닿아 대한불교조계종 사회노동위에서 제공하는 장소에서 매월 둘째 주 토요일 정기 법회를 하고 있다.

성소수자에 대해 연구하다

2015년 여름에 대한불교조계종 불교사회연구소로부터 성소수자에 대해 연구해 달라는 의뢰를 받았다. 불교계에서 사회적 약자에 대한 관심이 넓어진다는 느낌을 받아서 반가웠다. 불교사회연구소는 성소수자 연구에 대한 주제, 대상의 범위, 연구 방법 등을 나에게 정하라고 맡겼고, 나는 질적 연구를 선택했다. 학위논문을 둘 다 질적 연구로 수행하면서 나는 질적 연구에 매력을 느꼈다. 그것은 문헌 연구나 양적 연구에서는 얻을 수 없는 것으로, 관심 현상이 어떠한지를 생생하게 알아낼 수 있다는 장점이 있다. 단점은 다른 연구 방법에 비해 힘들고 비용이 많이 든다는 것이다.

불교사회연구소와 구체적으로 논의하는 과정에서 나는 이 연구를 수행해야 할지 망설였다. 왜냐하면 턱없이 부족하게 책정된 연구비 때문이었다. 고민은 깊었으나 이 연구를 진행하기로 결정했다. 성소수자에 대해 관심을 보여 준 종단에 감사했고, 무엇보다 성소수자에 대해 알릴 수 있는 좋은 기회라고 생각했기 때문이다.

2016년 4월, 연구 보고서를 발표하는 자리에 대표적인 종단의 신문사가 참석하지 않았는데, 무관심하게 보여 실망스러웠다. 어떤 신문사는 보도자료만을 참고하다 보니, 본질과 다른 기사를 쓰기도 했다. 불교계가 성소수자에 대해 관심을 가지기도 했지만, 무관심하다는 사실도 확인할 수 있었다. 이 연구는 『불자성소수자가 경험하는 한국불교-남보다 한 가지 고민을 더 가지고 있는 사람들의 이야기-』로 남았다.

그때 통찰했더라면 편안하지 않았을까?

나는 『선치료(Zen Therapy)』로 널리 알려진 데이비드 브레이저(David Brazier) 박사가 진행하는 워크숍에 수년간 참석하면서 긍정적인 영향을 받았다. 데이비드는 여름방학에 내한해서 거의 1달 동안 워크숍을 진행했다. 나는 상담자의 자비심이나 친절함 같은 선한 자질을 브레이저 박사를 통해서 배웠다.

나에서 우리로

전통적인 언어 상담에서는 상담자가 내담자의 신체 일부를 만지지 않는다. 하지만 선치료는 그렇지 않았다. 선치료는 상담에 도움이 된다면 거의 모든 이론과 기법을 자연스럽게 활용하면서 터치나 움직임도 활용한다. 예를 들어 상담자가 내담자와 자리를 바꿔 앉기도 하고, 어떤 행동을 치료적으로 적극 활용하기도 한다.

브레이저 박사를 처음 만난 것은 2011년으로 기억한다. 2015년 선치료 상담사 자격을 취득하고 2017년까지 해마다 여름이 되면 워크숍에 참석했다. 그때마다 나는 다시 올 수 없는 훌륭한 기회인 것처럼 내면의 어려움을 공개적으로 다루는 시연에 동참했다. 내면 탐색 작업이었다. 이 과정에서 나의 상처와 불안정한 감정이 드러났다. 이 모습을 보던 한 스님은 "문제 있는 효록 스님 같은 사람만 출가하는 건 아니다."며 나를 '문제 있는 스님'으로 낙인을 찍기도 했다.

나는 불교상담 공부 모임에서 다른 사람의 의견을 경청하고 수용하기보다는 빠르게 나서서 개입하며 잘난 체하듯이 행동한 적이 있었다. 마치 어린아이가 관심을 끌려고 하는 것처럼. 그때 이런 행동을 하게 만드는 무의식의 역동을 통찰했더라면 대인관계에서 더 편안하지 않았을까? 7남매의 막내딸은 '있어도 없어도 되는 존재'였을 터이니, 얼마나 자신의 존재감을 드러내고 싶어 했을까! 내가 괜찮은 사람이라는 것을 온전히 수

용받고 싶었다.

내가 알아서 납~작 엎드렸어요

2016년 8월, 선치료 워크숍에 약 30~40명이 참여했다. 브레이저 박사의 수업은 대개 이렇게 진행되었다. 먼저 불교 이론을 상담적으로 풀이하여 설명하고 질의응답 시간을 갖는다. 그리고 상담이 시연되고 질의응답 시간을 갖는다. 그다음 참여자들끼리 그룹-2명, 3명, 4명-으로 상담을 연습하고 토의를 한다. 이전까지의 수많은 내면 탐색 시간이 준비 과정처럼 느껴질 정도로 나는 매일 내 내면의 주제-마음의 불편한 부분이나 문제라고 여겼던 부분-를 만났다.

하루는 4명이 그룹이 되어 먼저 배운 방법을 활용하여 상담 연습을 했다. 그중 2명은 퇴직 교수였는데, 권위로 똘똘 뭉친 인지적인 사람으로 보였다. 그분들이 앞 시간에 배운 것에 대해서 정서적인 느낌과 거리 있는 대화를 하는데, 화가 올라왔다. "저는 사실 인지적이고 권위적인 사람한테 대한 분노가 있어요."라고 말했으나 수용되지 않았다. 대신 한 교수님이 그것을 연극으로 시연할 수 있는지 물었다. 이 워크숍에서 바로 직전에 시연한 터라 나는 다시 재연하고 싶지 않았다. 그 순간 왜 그런 생각이 들었는지 모르겠다. 권위적으로 보였던 그녀의 개인적인 호기심을 충족시켜 주는 것처럼 느껴져 "선생님을 충족시켜 주기 위해서 똑같은 연극을 저는 안 하고 싶어요."라며 용기를 내서 거절했다.

그런데 그렇게 말해놓고 마음이 불편해졌다. 나는 불편해진 마음을 그대로 두고, 아무 일도 없었던 것처럼 내버려두지 않았다. 왜냐하면 내면을 탐색할 좋은 기회이기 때문이었다. 그분은 다음 날 워크숍에 오지 않았다. 나는 이 주제를 다루고 싶어서 브레저 박사에게 개인상담 시연을 신청했다. 우리는 대중 앞에서 통역을 중간에 두고 마주 앉았다.

"무슨 이야기를 하고 싶으세요?"

"저는 인지적이면서 권위적인 사람한테 굉장히 저항감이 있고 분노를 느낍니다. 그 문제를 다루고 싶어요."

"그런 사람 중에 누가 떠오르세요?"

"확실하진 않은데 은사스님이 떠오릅니다."

"좀 더 얘기해 보세요."

내가 은사스님에 대해 이런저런 이야기를 하는데, 그가 자리를 옮겨 옆으로 비켜 앉았다. 나는 내 앞에 마치 은사스님이 있는 것처럼 몰입된 상태로 이야기에 몰두했다. 그런데 그가 갑자기 상반신을 일으켜 자신의 넓은 손바닥을 내 등에 갖다 대고 눌렀다. 순식간에 일어난 일이었다. 그 순간 나도 모르게 내 몸이 납작 엎드려졌다. 그가 한 번 더 눌렀을 때 내 몸은 저항하는 대신 그가 누르는 대로 몸이 낮아졌다. 그가 누르면 누를수록 내 몸은 더 낮게 숙여졌다.

나는 출가 후에 살아남기 위해서, 비구니가 되기 위해서 권위에 도전하는 대신 '알아서 납~ 작 엎드리고 살았다.' 그런데 그 마음이 몸으로 이렇게 나타날 줄은 꿈에도 몰랐다. 놀라웠다.

그동안 내가 얼마나 납작 엎드려 숨죽이고 살았는지가 생생하게 보였다. 권위에 대한 억압된 것-불안, 두려움, 분노 등-들이 터져 나왔고, 눌러 두었던 서러움이 올라왔다. 콧물 눈물 할 것 없이 흘렀다. 눈을 뗄 수 없을 만큼 계속 울었다. 그 와중에도 청중들의 울음소리가 들렸다. 그 장면을 보고 있던 대부분의 사람들이 여기저기서 작게 그리고 크게 울고 있었다. 각자 자신의 상처에 가 닿는 것 같았다. 교수와 제자와의 관계에서, 부모와의 관계에서, 시댁과의 관계에서, 배우자와의 관계에서… 각자 권위자와의 관계에서 뭔가가 건드려진 것 같았다.

어느 정도 울다 보니 어느새 그가 내 등을 쓰다듬었다. 말로 표현할 수 없을 만큼의 큰 위로였다. '그래~ 더 울어도 된다', '그래 울어라~' 하는 것처럼 느껴졌다. 그의 손길이 어떤 말로 표현할 수 없을 만큼의 자비심으로 다가왔다. 공감이 무엇인지, 정서적 접촉이 무엇인지, 타이밍이 맞아야 한다는 것이 어떤 것인지 온몸으로 경험했다.

한바탕 울고 나자 브레이저 박사는 이런 이야기를 더했다. "전쟁터에 있는 병사(군인)들이 전쟁할 때는 그 전투에서 싸워

이겨야 하기 때문에 전쟁에만 온통 신경을 씁니다. 그래서 전쟁이 다 끝나고 집에 돌아와서야 그 전쟁에 대한 두려움과 공포감에 부들부들 떨지요."

내가 비구니가 되기 위해 인내한 것이 마치 전쟁 통에 나간 병사와 같다는 의미였다. 승가에서 살아남기 위해서 생존에만 신경을 쓴 것이라고 설명해 주었다. 나를 완전히 죽이고, 납작하게 엎드려서 "예, 예, 예" 하면서 살았다는 것이다. 진실로 그랬다.

이제 전쟁이 끝나고 벗어나니까 "마치 병사가 공포에 부들부들 떠는 것처럼, 스님이 그 두려움에 부들부들 떱니다. 이게 참 매우 당연합니다." 이런 설명이 크게 위안이 되었다. 승려로서 살아남기 위해 애썼던 그동안의 내 삶이 깊이 이해되었다.

적절한, 훌륭한 공감이란 것이 단지 정서적 차원에서 의자에 앉아 감정을 읽어 주는 것에만 머물지 않았다. 억압된 감정과 접촉할 수 있도록 도운 것은 그의 행동이나 위로의 말뿐만이 아니었다. 그의 해석이 참으로 시기적절했다. 타이밍이 맞았다. 사실 권위자에 대한 억압된 분노의 뿌리는 아버지와 연결되어 있었겠지만, 당시엔 거기까지 닿지 못했다.

상처받은 자신과 깊이 만날수록, 큰 상처와 만날수록, 고구마 줄기가 딸려오듯이 다뤄야 할 것이 많아 보였다. 옛날에는 마음이 양파를 닮았다고 생각했는데, 내면을 보면 볼수록 양배추를

닮은 것 같다. 이것을 한 번에 그리고 단시간에 모두 다룰 수는 없다. 차근차근 하나씩 하나씩 만날수록 기쁨이 선물처럼 찾아온다.

언어를 뛰어넘는 상담의 신세계를 만나다

브레이저 박사는 불교라는 종교 교리를 현대적인 상담과 심리 치료 언어로 해석하고 접목하는 데 탁월한 재능이 있다. 그의 워크숍을 해마다 기다렸고 참여할 때마다 기대 이상으로 공부가 되었다.

하루는 그가 '다른 사람을 어떻게 알아 가는가?', '안다는 것은 무엇인가?', '언어가 도움이 되나, 장애가 되나?' 등을 체험하도록 파트너를 정해서 말(의미 언어) 대신에 "랄랄랄~~" 노래로만 표현하도록 우리를 이끌었다. 한 사람이 '랄랄라~' 하면서 자신의 마음을 표현하면, 상대방이 그것에 따라 자기가 하고 싶은 반응을 하면 되었다. 친소에 따라 편안함의 정도가 어떠한지, 그 관계에서 어떤 느낌이 일어나는지를 경험했다. 노래나 표정으로 자신을 표현해도 되는데, 두 사람이 사용하는 말은 오직 "랄랄라~"였다.

이틀 정도 파트너를 바꿔가면서 이 작업을 반복했다. 이때 나는 내가 얼마나 이기적인 인간인지, 얼마나 어머니한테 보호받고 싶었는지, 다른 사람이 얼마나 맞춰 주길 바랐는지를 자각할 수 있었다. 나는 누군가가 맞춰 주면 좋아했고, 내 마음대로 안 되면 화가 났다. 인정하고 싶지 않았지만, 그 모습이 나였다. '이 나이가 되어서도 갈구하고 간절히 소망했던 것이 어머니의 보살핌이구나! 어머니의 돌봄이구나! 나한테 절실히 필요한 것이 돌봄이었구나! 이 욕구가 채워지지 않아서 그렇게 내가 헤맸구나!'라는 것을 깨달았다.

그저 두 사람이 마주 앉아 한 것이라고는 "랄랄라~~"밖에 없었는데도 이것들이 통찰되었다. 일상에서도 '선생님이 나한테 이렇게 해 주었으면 좋겠어', '엄마가 나한테 이렇게 해 주었으면 좋겠어', '친구가 나한테 이렇게 해 주었으면 좋겠어', 이런 욕구와 바람이 마음에 팽배하게 깔려 있었다는 것을 그때 처음 자각했다.

상담의 신세계였다. 일반적인 언어적 상담이 아니었는데도, "랄랄라"를 통해 깊은 무의식의 욕구에 가 닿았다. 나의 건강하지 않은 이기적인 자아를 만날 수 있었다.

상담심리사의 수련 과정

상담가가 되기 위해 수련받다

석사과정 때이다. 경주시 보호관찰소에서 청소년을 대상으로 1년 정도 상담 봉사활동을 했다. 내담자였던 한 중학생이 기적처럼 변하는 일이 있어서 나도 소장님도 놀랐다. 이 일로 나는 공로상을 받았지만, 이때까지 공개사례발표나 수퍼비전을 받은 적은 없었다. 앞서 말했던 것처럼 전문 상담자로서 성장하는 방법에 대해서 제대로 된 정보를 알지 못했다.

2010년 11월 11일, 박사과정에 입학하고 처음으로 공개사례발표 자리에 참석했다. 학교 교과과정은 아니었지만, 상담학과 다수의 학생들이 전문상담가가 되기 위해 수련을 받는 자리였다. 처음엔 어리둥절했고 차츰 놀라기 시작해서 나중엔 감동을 받았다.

박사과정에 입학하고 '상담자 교육 및 수퍼비전' 과목을 수강하지 않았더라면, 상담을 시작하는 것이 더 늦었을 것이다. 그 수업은 수강생이 개인적으로 상담을 실시하고, 그 내용을 토대로 수업이 진행되었기 때문에 꼭 상담을 실시해야만 했다. 이

것을 계기로 도반스님에게 내담자를 소개받았다. 수업 때문에 2010년 9월 16일 처음으로 수퍼비전을 염두한 개인상담을 시작했다. 이때 상담한 사례는 2010년 12월 9일에 공개사례발표를 했다. 다른 사람의 사례발표를 4번 참관한 후였다. 박사과정 학생이라는 겉모습과 다르게 초보 상담자답게 미숙함이 그대로 드러난 부끄러운 자리였다. 내가 상담을 얼마나 잘못하고 있는지 인식조차 하지 못했던 때였다.

나는 사찰에서 흔히 하는 신행상담이 아니라 전문가가 되기 위해 구조화된 상담을 진행해야 한다는 것을 알아갔다. 그래서 개인분석을 해 주었던 박사님의 권유로 2010년 11월 종로구건강가정지원센터에 상담 자원봉사자로 지원했다. 다행히 그곳은 대한불교조계종 사회복지재단에서 위탁받아 운영하던 센터였기 때문에 승려에 대한 거부감이 없었다. 나는 매주 하루씩 방문해서 내담자를 만났다. 하지만 승려라는 신분 때문에 내담자가 상담자를 선택하도록 조처했다. 먼저 내담자에게 상담자가 승려라도 괜찮은지 의사를 묻고, 괜찮다고 하면 연계하는 방식이었다. 그곳에서 7년 동안 상담을 진행했고, 그 밖에 몇 곳에서 상담을 실시했다. 수퍼비전을 받을 때는 개인적으로 전문가를 찾아서 몇 사람에게 지도받았다.

요즘은 상담전문가가 되는 과정의 수련 제도가 있기 때문에 그것을 활용해도 좋다. 인턴이나 레지던트라는 프로그램을 만들어 운영하는 기관이 있다. 이런 기관을 통해 상담 수련을 받는 사람이 늘어나고 있다. 이 과정에 참여하면 내담자를 만나는 것도, 수퍼비전을 받는 것도 수월하다.

상담심리전문가가 되다

나는 수련을 시작한 지 7년이 지나 2016년 9월에 상담심리사 1급 자격을 취득했다. 나는 '기적'이라고 말한다. 승려로서 수련을 받는 것이 쉽지 않았다. 그래서인지 나보다 먼저 한국상담심리학회(이하 학회) 1급을 받은 승려는 없는 것 같다. 신부님, 수녀님, 원불교 교무님 등 이웃 종교 성직자들은 1급 명단에서 보았다. 나는 스님들도 한국의 주류학회에서 상담자 수련을 받고 전문가가 되었으면 좋겠다.

나는 학회에서 요구하는 것을 충족시킨 한편, 학회에서 인정하진 않지만 데이비드 브레이저 박사의 선치료 상담 자격을 취득하였고, 수불 스님이 진행하는 간화선 프로그램에 두 번 참여하여 의문을 해소하는 경험을 하는 등 상담자로 성장하기 위해 수년 동안 다양한 워크숍과 프로그램에 참여했다.

내가 교육받고 경험했던 분야는 이러하다. 전통 불교수행–사마타 위빠사나, 염불 수행, 절, 기도 등–, 미술치료, 정신역동, MBTI, 인간중심, 인지·정서·행동 치료, 로고테라피, 게슈탈트, 이마고 부부치료, 가트맨 부부치료, NLP(Neuro-Linguistic

Programming), 켄 윌버의 ILP(integral life practice), 최면, 아우토겐트레이닝, CPE(Clinical Pastoral Education), 통합적 꿈 분석, 집단상담, MBSR(Mindfulness-Based Stress Reduction), MSC(Mindful Self Compassion), 행복명상, 티베트전통 자비수행, 동사섭, 선치료, 수불 스님 간화선, O&O Academy 명상 등이다.

신뢰의 부족

나는 상담일지를 작성할 때 '심리치료(psychotherapy)'와 '상담 (counselling)'을 잘 구분하지 못했다. 대개 상담은 일시적이고 피상적인 면담에 사용되는 경향이 있고, 심리치료는 치료와 교정을 목적으로 하는 경우로서, 성격을 심층적으로 재조직하기 위해 더 철저하게 장기적으로 지속되는 면담을 의미하는 경향이 있다. 인간중심 상담의 창시자인 칼 로저스도 "매우 철저하고 효과적으로 이루어지는 상담이 강력하고 효과적으로 이루어지는 심리치료와 구별할 수 없는 것도 분명한 사실이다."*고 말한 바 있으니, 둘을 구분하기란 쉽지 않았다.

2017년 8월, 브레이저 박사가 지도하는 선치료 워크숍에 참

---

* 칼 로저스(2007), 한승호·한성열 역, 『칼로저스의 카운슬링의 이론과 실제』, 학지사, p.22.

여하면서 나는 심리치료와 상담을 구분하지 못했던 내 행동의 이유를 발견할 수 있었다. 그것은 상담자 자신과 내담자에 대한 신뢰의 부족이었다. 내담자는 문제를 가지고 오기도 하지만 해답을 찾아갈 능력도 있다는 확신이 부족했던 거다. 모든 중생은 내면에 불성(佛性; 우주지성, 우주법계, 집단지성, 신성, 영성, 본성, 자성, 주인공 등)이 있다는 것을 학문적으로 이해했을 뿐, 그것을 믿지 못하고 내담자에게 적용하지 못했던 것이다.

상담자는 내담자 문제를 해결해 주는 것이 아니라 내담자가 스스로 길을 찾을 수 있도록 도와주며 기다려줘야 하는데, 나는 지금까지 성급하게 쫓기는 듯 상담했다. 더구나 건강가정지원센터의 상담 회기는 제한되어 있어서, 일정 기간 동안 상담 효과가 나야 한다는 강박적인 생각이 있었다. 마음이 급하고 불안하다는 것을 의식했지만, 상담에까지 영향이 미친다는 것을 미처 알아차리지 못했다.

이 통찰이 있고 나서 심리치료를 꼭 해야겠다는 집착에서 벗어날 수 있었다. 그리고 내담자가 자신의 마음을 잘 풀어놓을 수 있도록 공간을 마련해 주는 것이 상담자 역할이라는 것을 배웠다. 기다림이 상담 효과를 가져왔다.

불교는 상담과 심리치료를 통합할 수 있어
동국대학교 불교상담학과에서 강의할 때의 일이다. 마침 한 스님이 어떻게 상담전문가가 되는지 물어왔다. 나는 나의 수련수첩 내용 일부를 복사해서 학생들에게 보여 주면서 자세히 설명했고, 그들에게 도움이 되기를 바랐다. 이때 만난 학생 중에는 꾸준히 수련을 받아 극소수이지만 양대 학회의 자격을 받은 사람들이 있다.

나는 불교상담을 공부하는 사람들이 한국의 주류 상담계에서 상담심리전문가가 되기를 희망한다. 수련 과정이 힘든 것이 사실이지만 상담심리전문가로서 성장하기 위해선 내담자를 치유하는 실질적인 지식과 경험이 필요하기 때문이다. 상담 이론을 체계적으로 공부하는 것, 교육분석 받기, 수퍼비전 받기, 다양한 주제의 워크숍 참석하기 등은 상담자를 성장시키고 더불어 내담자에게도 이익이 될 수 있다. 사실 이러한 수련 과정에서 가장 큰 혜택을 받는 사람은 수련생 본인이다.

이것은 마치 의술을 전수하는 것과 비슷하게 보인다. 의대생이 의학을 알더라도 곧바로 환자를 수술할 수는 없다. 제자는 수년 동안 스승의 치료장면을 직접 보고 배운다. 이와 마찬가지로 상담심리전문가가 되기 위해서는 철저한 수련 과정을 거쳐야 한다.

"불교상담을 가르치고 배우는 사람이 반드시 주류 학회의 전문가 자격증을 받을 필요가 없다."고 말하는 사람들도 있다. '불교상담'이니까 그들과 똑같이 할 필요는 없다는 것이다. 신생 학회는 자신들의 자격 규정을 새로 만들어 수련하고 자격증을 보급하면 된다는 말로 들렸다. 이 말도 일리가 없는 것은 아니다.

하지만 불교 또는 불교철학으로 현대인의 고통을 해결할 수 있(었)다면 어째서 불교상담이 생겨나고, 또 사람들이 이 학과에 몰릴까? 나는 불교학은 불교학대로, 불교상담은 불교상담대로 발전하기를 희망한다.

불교는 수용적이며 통섭과 포용의 종교이다. 현대에는 불교가 과학과 소통하면서도 부처님의 가르침은 찬란하게 빛을 내고 있다. 달라이라마는 과학자들과 지속적으로 만남을 갖고 있는데, 호킨스는 달라이라마의 "종교인이 기도하는 것만으로는 충분치 않습니다. 정확히 말하면, 종교인에게는 세상의 문제를 해결하기 위해 할 수 있는 일을 다해야 할 도덕적 의무가 있습니다."라는 말을 인용하면서 대승불교의 위대함을 묘사했다.[*]

불교상담에서 불교와 상담 중에 어디에 중점을 둬야 하느냐고 묻는다면, 나는 상담이라고 대답한다. 불교상담은 불교(철학)와 상담 및 심리치료의 장점과 이익을 통합할 수 있다. 그렇게 하기 위해선 상담 및 심리치료로 어떻게 치유하는지, 그 지식과 기술 그리고 방법을 체계적으로 공부해야만 한다. 거기에

---

[*]   데이비드 호킨스(2017), 『진실 대 거짓』, 판미동, pp.527-528.

더하여 불교(철학)를 활용한다면 더없이 훌륭할 것이다. 현대인의 고통을 이해하고 붓다의 성품(불성)을 회복하는 데 필요한 것은 상담과 심리치료이다.

Ⅲ.
고통과
만나서
머물고
해방되다

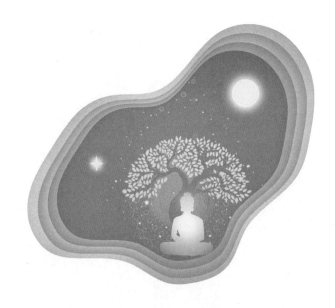

깨어남의 여정과 통찰

애기보살, 그렇게 시끄럽게 하려거든 나가!

해인사 고려대장경연구소에서 근무할 때의 일이다. 큰절 가까이 있는 원당암에는 재가자가 동참할 수 있는 큰 선원이 있다. 선방에서 참선하는 공덕이 매우 크다는 말을 들은 적이 있어서 나도 참선하러 원당암에 갔다.

수십 명의 재가자들이 한 철(100일 정도) 동안 안거—불교의 수행자들이 일정 기간 동안 한곳에 모여서 수행하는 기간—를 하고 있었다. 나는 법복으로 갈아입고 그날 밤을 새우겠다고 다짐했다. 예전에 삼천배를 하고 일타 스님께 받은 시어詩語를 화두로 들었다. 이를 어쩌나! 몇 분이 지나지 않은 것 같은데 벌써 다리가 저리고 아팠다.

참선과 다리 아픔에 대해 이야기를 하다 보니, 학창 시절이 떠오른다. 읍내에 있는 포교당에 다니던 중학생 때였다. 어느 여름 수련회에 참가했을 때, 난생 처음으로 발우공양이라는 것을 하고 '참선'도 했다. 얼마나 앉았을까! 마침을 알리는 죽비 소리를 듣고 일어서려는데 다리가 꼼짝도 하지 않았다. 친구들이 내 양팔을 잡고 나를 일으켜 세우고 곧 두 팔을 놓았다. 그 순간 나는 미끄러져 그 자리에 철썩 주저앉아 버렸다. 두 다리에 감각이 없는 채 섰으니 균형을 잃을 수밖에.

시민선방에 앉은 그날도 어찌나 다리가 아픈지 바꿔 앉아야만 했다. 15분이나 20분이 지났을까! 견딜 수 없을 정도로 허벅지, 무릎, 종아리, 발목, 허리까지 아팠다. 얼마나 자주 다리를 바꿨는지 "애기보살, 그렇게 시끄럽게 하려거든 나가!" 하고 어느 분이 나지막이 충고를 했다. 다리를 고쳐 앉을 때마다 법복이 스치면서 바스락거리는 소리를 냈으니, 참선하는 데 방해가 된 것이 틀림없다. 참아보려고 했으나 다리 통증이 심해져, 안 바꿀 재간이 없었다. 또 부스럭거리면 야단맞을 것 같았다. '다리 통증 하나를 못 참는다'는 야유를 받는 것 같아 창피했고, 사람들에게 민폐를 끼치는 것 같아 선방에서 나왔다. 그 후론 '참선'이라면 다리 아플 것이 미리 걱정돼서 앉기가 불안했고, 화두에 집중할 수도 없었다. 나에게는 간화선과 맞지 않은 것으로 생각했다.

그러던 어느 날, 한 스님이 쉬운 방법을 안내해 주었다. "왼발로 걸을 때는 왼발로 걷는구나! 하고 알아차리고, 오른발로 걸을 때는 오른발로 걷는구나! 하고 알아차리면서 걸어라."는 것이다. 이것이 위빠사나라고 말했다. 따라 하기 쉬웠고, 뭔가 하는 것 같았다. 나는 참선보다 위빠사나가 맞는 사람이라고 생각했다. 요즘도 걸을 때 주의를 발바닥에 두고 걷는다.

손가락을 까딱하는 이놈이 무엇인고!

대학원 전공 학생들과 일부 교수님이 수불 스님의 간화선 프로그램에 대해 이야기하는 것을 들었다. 대체로 좋은 체험이었다고 이야기했고, 어떤 사람들은 "통과했다."고 말했다. 하지만 나는 참선에 대한 부끄러운 기억으로 인해 거리를 두고 귀담아듣지 않았다. 그런데 재가자 학생들도 "통과했다." 하니, 무슨 의미인지 궁금했다. 또한 '중이 돼서 내가 이래도 되나!' 하는 뉘우침도 있었다. 그래서 2012년 여름방학에 동국대학교 국제선센터에서 진행하는 수불 스님 간화선 프로그램에 참여했다. "낮엔 참선하고 밤에 일하는 사람도 있다."고 들어서, 나도 그렇게 하면 되겠다고 생각했다.

"손가락을 까딱하는 이놈이 무엇인고!"라는 화두를 받았다. 나도 '통과!'하고 싶어서 시키는 대로 몰입했다. 화두를 든다는 것이 어떤 느낌인지 알 수 있었다. 며칠 동안 의식은 명료했고 각성 상태가 최고조에 도달한 것 같았다. 잠도 잘 오지 않았고 꿈에서도 화두를 드는 듯했다. 다리는 여전히 아팠으나 이전처럼 그렇게 자주는 아니었다. 다리가 아플 때마다 조용히 바꿔 앉기를 반복했다. 낮엔 국제선센터에서 화두에 집중하고 밤엔 센터로 출근해서 업무를 봤다. 하지만 통과하지 못했고, 화두를 타파한다는 것이 무엇을 의미하는지 알지 못한 채 일주일이 흘러갔다.

그리고 4년이 흘렀다. 그 사이 나는 박사학위를 받고 졸업했지만, 간화선 프로그램에서 통과하지 못한 것 때문에 늘 마음 한켠에 묵은 과제를 안고 있었다. 나는 다시 프로그램에 참여하며, 이번에는 온종일 화두에만 집중했다. 집중할수록 몸 상반신이 빙글빙글 돌았다. 돌지 않으려는 의도를 가지면 멈췄지만, 화두에 집중하면 또 다시 빙글빙글 돌았다. 수불 스님이 "도는 것에 의식하지(신경쓰지) 말라."고 하셔서 계속 화두를 들었다. 4일째 되는 날 오후였다.

아픈 다리를 고쳐 앉은 지 얼마 지나지 않아 오른쪽 가슴 부위에서 박카스 마실 때처럼 싸~ 한 기운이 위로 아래로 조용히, 부드럽게, 서서히 퍼지더니 머리가 개운해지고 묵직했던 에너지 덩이가 흩어졌으며 뭔가 가벼워졌다. 심각했던 뭔가가 사라지면서 몸과 마음이 가벼워졌다. 자신감이 생기고 발걸음에 힘이 느껴졌으며 고개가 들려지고 눈이 뜨였다. 이전까지 심각했던 어떤 것이 없어졌는데, 내가 미끄러져 빠져나왔는지! 아니면 자신에게 속은 것인지 알 수 없었지만 뭔가 사라졌다.

다음 날 수불 스님께 점검을 받았다. 스님은 "의심하지 마세요. 속은 것 같지만 아닙니다."고 말했다. 사람들이 말했던 '통과'라는 과정을 지났다. 내려놓는 것이 무엇인지, 놓아지면 얼마나 가벼운지를 알았다. 통과했다는 안도감이 들었다. 안정감 같은 것이었다.

반응이 없을 때 일어나는 화

두 번째 간화선 프로그램에 참여할 때였다. 한 스님이 간화선 수행의 효과성에 대한 연구를 하기 위해 참여자를 대상으로 설문지를 돌렸다. 자신의 경험을 간단히 서술하는 방식이었다. 설문에는 실명, 사는 지역, 급여 등을 구체적으로 기록하게 했다. '실명을 쓰라고!', '급여가 이 연구와 무슨 상관이 있다는 거지!'라는 의문이 들자 불쾌해졌다.

당시 나는 급여가 일반인에 비해 상대적으로 낮았는데, 마치 급여로 내 존재의 가치를 나누는 것처럼 느껴져 기분이 상했다. 특히 실명과 급여를 체크하는 목록에서 연구자가 연구 참여자를 보호하지 않는다고 느꼈다. 하지만 연구에 도움 되고 싶은 마음도 있어서 사실 그대로 기록했다. 그런데 이틀이 지나도록 회수해 가지 않았다. 주위를 둘러보니, 다른 사람들의 설문지는 회수해 갔는지 보이지 않았고, 내 것만 방치된 듯 그대로 있었다. 3일째가 되자 화가 났고, 그래서 나는 설문지를 쓰레기통에 갖다 버렸다.

연구를 돕고 싶은 마음에 설문에 충실히 답했지만, 그녀는 이틀 동안 내 설문을 방치했고, 나는 그것에 화가 더 났다. '왜 그렇게까지 화가 났지!' 궁금했다. 그래서 자신에게 묻고 또 물었다. '뭐가 그렇게까지 화가 났어?' 첫째, 실명을 쓰게 해서 참여자의 신원을 보호하지 않았다는 것, 즉 안전하지 않다. 둘째, 간화선 체험이 급여와 무슨 상관이 있는지에 대한 설명이 없어서 친절하지 않거니와 급여를 공개하는 것에 대한 불편함을 배려하지 않았다. 셋째, 내가 승려로서 절에 살고 있지 않은데, 이것이 마치 무능해서 '개인 사찰(절)을 개설하고 운영하지 못한다'는 비난을 받을까 봐 그리고 그 사실이 공개될까 봐 두려웠다. 무엇보다 가장 큰 불만은 연구자 스님의 무반응이었다. 설문 구성이 마음에 들진 않았으나, 연구자 스님이 곧 회수해 갔더라면 그렇게까지 화가 나지 않았을 것이라는 내면의 답이 있었다. 반응이 없었다는 것에 화가 폭발한 것이다. 안전은 나에게 중요했다. 그리고 상대방의 반응이 없으면 불안감을 느끼고, 보호받지 못한다는 느낌 때문에 화가 났다. 그런데 아이러니하게도 친절하지 못한, 배려심 없는, 비난하기 등은 모두 내가 인정하고 싶지 않은 내 그림자의 일부였다. 인정하고 싶지 않은 나의 그림자가 건드려진 상황이라서 화가 났던 것이다.

상대방이 알아주기를 바라다

나는 상대방이 내 마음을 몰라주고 다른 반응을 보이면, 좌절하고 화를 냈다. 무의식적으로 억압하거나 의식적으로 참는 경우도 많았겠지만, 이번엔 며칠 안에 알아차릴 수 있었다. 처음엔 연구자의 잘못인 것처럼 보였으나, 사실은 알아주기를 바라는 내 욕구가 좌절되었기 때문이었다.

만약 어린 시절, 아기의 웃음에 어머니가 공감 반응을 하지 않는다면 아기의 느낌은 어떨까? 무가치함, 분노, 불안, 짜증 등이 일어날 것이다. 물론 아기는 울음으로 이 모든 것을 표현했겠지만. 아기는 다양한 자극들을 처리할 충분한 심리적·육체적(뇌의 발달) 능력이 없기에 쉽게 불안해진다. 아기가 불안을 느낄 때마다, 어머니(주 양육자)는 토닥이고 어루만져 주며 아기가 안정하도록 해야 한다. 어머니의 안정된 정서 상태가 아기에게 전달되고, 아기는 이것을 자기의 경험으로 통합해 나간다. 그래서 아기가 자아감과 안정감을 갖기 위해선 안정적인 대상(어머니)이 필요하다. 어린 시절 부모가 아기의 자기대상(selfobject)* 기능을 잘 수행해 주면, 안정된 자기 구조가 형성되어 안정적인 대인관계를 수행할 수 있다. 하지만 그렇지 못할

---

* 자기심리학의 창시자 코헛(Kohut)은 개체가 타인을 자신의 한 부분으로 체험하는 현상을 지칭하기 위해 자기대상이라는 말을 고안했다. 신체가 산소를 필요로 하듯이 개체는 자기대상을 필요로 한다. 개체는 자신의 경험을 반영해 주고 또한 동일시할 수 있는 사람이 있을 때만 자기 자신을 응집력 있는 단위로 체험할 수 있다. 이러한 대상이 자기대상이다. 자기대상은 자기의 근원이다.

경우엔 자기 구조가 취약해져 타인에게 의존하는 성격이 된다. 내가 그 스님의 반응에 의존했던 것처럼.

나는 농사일로 바빴던 어머니의 직접적인 돌봄보다 언니들의 돌봄이 더 많았던 것 같다. 언니들이 아무리 잘 돌본다 하더라도 그녀들 역시 돌봄이 필요했던 어린아이였을 뿐이다. 나이든 어머니는 손주를 키울 때처럼 당신 자식을 키우지 못했노라고 고백한 적이 있다.

"어째 키웠는데요?"

"돼지 새끼처럼 키웠지."

"그게 무슨 말이에요?"

"그냥 던져 놓으면, 지(자기)가 알아서 컸지."

아이의 눈을 맞추며 공감할 수 있는 시간도 없이, 여력도 없이, 바쁘고 힘들게 살았다고…. 1935년생인 어머니의 삶은 생존을 위한 전쟁이었다. 만약 어머니가 손주들을 키우는 모습을 보지 못했더라면, 나는 어머니를 이해하지 못했을 것이다. 연년생의 손주를 키우던 어머니의 모습은 헌신 그 자체였다.

한 개인은 일생 동안 대상과 관계를 맺으며 살아간다. 만약 대인관계로 인해 어려움을 겪는 사람이 있다면 어린 시절 어머니와의 관계를 탐색해 보길 바란다. 대인관계의 원형은 아기와 어머니와의 관계에 있으니….

기억나지 않는다고 상처가 없었던 것은 아니니, 실망하거나 포기하기보다는, 부드럽고 따뜻한 마음으로 어린 시절 자기 자신과 어머니와의 관계가 어떠했는지 있는 그대로 보기를.

바쁘지만 허전한

2016년 2학기는 몇 대학에서 5과목을 강의하느라 무척 바빴다. 게다가 모든 과목을 처음 준비해야 했기 때문에, 준비하는 데만 아주 많은 시간이 걸렸다. 대학 강사라는 직업이 마치 막노동하는 것처럼 힘들었다. 강의를 마치고 늦은 밤에 귀가할 때면 녹초가 되었다.

생계에서 자유로워야 연구도 할 수 있는데, 책상엔 연구 목록과 책이 쌓여 갔으나 강의를 준비하고 상담을 하다 보면 하루가 금방 지나갔다. 바쁜 생활에도 불구하고 뭔가 허전했다. 처음 이 기분을 알아차렸을 땐, 생소해서 실체를 파악하는 데 어느 정도 시간이 걸렸다. 그건 외로움이었다.

학위를 받고 상담심리전문가 자격을 취득할 때까지 앞만 보고 정신없이 달려왔다. 그 당시 함께 탁마琢磨할 도반도 없어서 외로웠지만 나름 시간을 잘 보냈다고 생각했다. 힘든 과정이 끝난 후의 허전함은 당황스러웠고, 이런 감정 상태를 느끼리라고 생각조차 하지 못했다. 느끼고 싶지 않은 불편한 감정이었다.

어느 날은 전화벨이 한 번도 울리지 않은 날도 있었다. 온 세상이 조용한 것 같았다. 나는 조용함을 만끽하기보다는 세상에서 소외된 것 같이 외로움을 느꼈다. 소외 받는 기분이 싫어서 벗어나고 싶었고, 그래서 마음을 나눌 사람을 찾기 시작했다.

처음에는 대학 동기나 사형스님과 사제스님 중에 이야기를 나눌 만한 사람이 누가 있는지 '스님'을 찾았다. 그랬더니 내가 얼마나 관계 맺기에 소홀했는지, 그리고 어떤 실수를 했었는지 하나씩 떠오르기 시작했다.

그동안 연락하고 지내던 몇 분이 떠올라 전화를 했으나, 이전과는 다른 내용의 통화를 내가 원한다는 것을 알았다. 예전엔 '용건만 간단히!' 하는 식의 대화였다면, 이제는 내면의 상태가 어떤지 나누는 통화를 하고 싶었다. 이전보다 내면의 상태를 잘 알아차렸지만, 통화한다고 해서 외로움과 소외감이 해결되는 것은 아니었다.

상담을 그만 받아도 될 것 같다

나는 강사를 하면서 한 스님과의 관계에서 불편함을 느꼈고, 외로움도 해결하고 싶었으며, 무엇보다 아버지와의 관계도 상담에서 더 분석을 받고 싶었다. 이때까지 나는 내면의 고통을 알아차릴 수는 있었으나, 그것과 함께 있기보다는 없애서 편해지고 싶었다.

대학원 학생 시절, 유명한 상담사의 강연을 듣고 나는 그분이 돌아가시기 전에 꼭 그분에게 개인분석을 받고 싶었다. 직접 상담을 받아보는 것이 상담을 배우는 가장 빠른 지름길인 것 같다. 개인상담을 신청하니 대기자가 많아서 한 3년 정도 지났을 때 연락이 왔다.

상담사는 내가 하는 말을 하나도 빼놓지 않을 정도로 진지하게 기록을 해서, 나는 천천히 조리 있게 말하려고 노력했다. 상담을 시작한 지 반년 정도 지날 무렵이었다. "요즘 너무 좋아요."라는 말끝에 상담자는 "상담을 그만 받아도 될 것 같다."며 종결하자고 제안했다. 스스로 자신의 내면을 탐색하고 통찰하는 수준이 된다고 판단했기 때문이리라. 상담을 종결하자는 강한 의지로 읽혔다. '나는 아직 아버지에 대해서 시작도 안 한 것 같은데~' 속으로만 생각했지, 상담을 더 받고 싶다고 말하지 못했다. 상담자의 권유도 있었지만, 내가 상담비를 할인받고 있었기 때문이었다. 상담자에게 신세를 지는 듯해서 미안했고, 상담비를 온전히 낼 수 있는 재정상태도 아니었기에 뭔가 찜찜한 상태에서 개인상담이 종결되었다.

수년이 지나고 아쉬움이 남아 그 상담을 다시 생각했다. 나는 상담받는 당일까지 상담실로 찾아가는 길을 안내받지 못하다가 시간이 촉박해져서야 문자를 받았다. 문자에는 지하철에서 내려서부터 찾을 수 있도록 안내하고 있었으나, 주소도 건물명도 없어서 속으로 화가 났다. 이런 사소한 일에 화가 나면 '이게 뭐지?'라는 생각과 더불어, '뭔가 이유가 있지 않을까?' 하고 생각하는 편이다.

상담사를 처음 만난 날, 나는 상담실에 찾아오는 길과 관련된 '화'에 대해서 먼저 이야기를 꺼냈다. 그런데 상담사는 "일어날 수 있는 일"이라며, "과거로 소급해서 탐색할 필요가 없어요. 화는 습관적으로 일어날 가능성 있습니다."며 지나쳤다. 그때 나도 '이제 습관적으로 올라오는 화를 알아채고 휘둘리지 않게 해야지!' 하고는 가볍게 넘겼다. 그런데 만약, 그때 화에 대해 이야기를 더 이어 갔더라면, 아버지에 대한 내 억압된 분노를 탐색할 수 있는 기회가 있었을까!

꿈분석

나는 소원대로 승려로, 심리상담사로, 강사로 살게 되었으나, 대인관계에선 여전히 상처를 주고받고 있었다. 뒷날 나는 이 상태를 '오지 않는 우정'이라고 이름을 붙였다. 나는 스님들과 우정을 주고받는 관계를 맺고 싶었으나, 동떨어진 느낌이 들었고, 애써 노력해도 뜻대로 되지 않아서 외로운 상태였다.

통합적 꿈분석을 2년 정도 배운 적이 있다. 평소에 의식하지 못했던 마음이 무의식중에 꿈을 통해 상징으로 나타나는 것이 신기했다. 정신분석가에게 꿈분석을 받기도 했고, 동료들과 꿈 집단을 하면서 서로의 꿈을 분석해 주기도 했으나, 기회가 되면 개인적으로 꿈분석을 더 받고 싶었다.

무의식으로 가는 지름길이 꿈이라 했으니, 꿈을 분석하다 보면 외로움도 없앨 수 있을 거라고 기대했다. 2016년 8월 4일의 꿈 내용을 가지고 8월 9일에 개인 꿈분석을 받았는데, 분석가의 내용을 대략 정리하면 이러하다.

'핵심감정은 초조함, 긴장감, 불안이다. 강박증처럼 생존불안이 있는 것 같고, 구강기 때 충분히 받지 못한 것에 대한 불안이 애씀과 인색함으로 간 것 같다. 생존불안이나 부족하다는 신념은 자신이 창조한 것이다. 나는 죽어라고 애쓰고 고생해야 얻을 수 있다는 신념, 내가 내 인색함을 수용하지 않았으니 인색함을 수용한 후에야 내려놓을 수 있게 된다는 것. 자비로워져야 한다는 것을 내려놓고, 생존불안이 얼마나 많은지, 내가 얼마나 인색한 사람인지, 일주일간 느껴보라. 불안을 내려놓을 수 있어야 한다.'

이 분석이 타당할 수 있다. 그런데 나는 '수용해야 한다', '내려놓아야 한다'고 말하는 분석가의 당위적인 해석이 '승려로서 수행한다는 사람이 왜 수용을 못했어요!', '내려놓아야 하는데, 왜 못 내려놨어요!'라는 식으로 혼나는 것처럼 들렸다. 그땐 꿈으로 나타나는 무의식의 힘에 놀라고, 분석 내용을 따라가면서 받아쓰느라, 제대로 된 질문이나 대화조차 하지 못했다. 지금이라면 이렇게 응대하고 싶다.

"구강기 때 충분히 돌봄 받지 못한 것에 대한 불안이 인색함으로 간 것이라면, 그럴 수 있지 않나요? 그것은 그 아이의 잘못도 어머니의 잘못도 아니에요. 어머니는 먹고사는 전쟁을 하느라 바빴으니까요. 그리고 그 아이는 충분히 돌봄을 받지 못한 것이 사실이에요. 생존불안이나 부족하다는 신념은 그 아이가 창조한 것이 아니라, 그 아이의 현실이었어요. 그 아이는 안정적인 돌봄이 결핍되어 생존불안을 느낄 수밖에 없었고, 그 과정에서 어머니에 대한 신뢰가 흔들렸던 거죠."

아이는 어리고 미숙해서 생존불안을 스스로 이해하거나 수용할 수 없다. 어머니가 아이의 불안한 정서를 수용하고 소화시킨 후에, 안정감을 아기에게 되돌려줘야 한다.

'내가 생존불안이 있구나!', '내가 그것 때문에 인색한 거구나!'라고 인식한다고 해서 사라지지 않았다. 그것과 관련된 상처와 두려움을 탐색해서 그것을 마주하고 느끼며 수용하는 과정과 시간이 필요했다. 나는 대인관계에서 오는 외로움을 해결하고 싶다는 강한 의지 때문에 분석가의 당위적인 표현이 거북했지만, 참으면서 분석에 의존했다.

분석을 받는 동안 대부분 동의할 수 있었으나, 자꾸 야단맞는 것 같아서 15회기를 끝으로 마무리했다. 아마 꿈분석을 통해 성장하는 느낌을 계속 받았더라면, 안정감과 신뢰감을 회복했더라면 인도까지 가지 않았을지 모르겠다.

개인 꿈분석의 경험을 정리하면 이러하다. 평소에 의식되지 않는 또는 의식하지 못하는 무의식은 꿈을 통해 상징, 이미지, 은유로 나타난다는 것, 하지만 분석가에게 해석을 듣거나 의식한다고 해서 곧바로 변화되거나 해결되는 것은 아니라는 것, 꿈분석을 통해 풀어보고자 했던 대인관계에서 오는 어려움이 상담에서처럼 직접 다뤄지지 않는다는 점, 꿈분석가의 태도나 언어 그리고 접근법이 내담자와 잘 맞아야 한다는 것, 꿈의 내용해석도 중요하지만 분석가의 전문적인 태도나 기술-공감, 반영, 지지, 무조건적·긍정적 존중 등-이 중요하다는 것이다.

저항

어느 여름날 선치료 워크숍에 참석하기 위해 출근 시간에 마을버스를 탔다. 그 시간의 승객 대부분은 종점인 지하철역에서 내린다. 버스 출입구엔 사람들로 가득 찼지만, 뒤편엔 여유가 있어 보였다. 버스에 올랐을 때, 입구에서 한 여성이 손을 놓으면 마치 큰일이 일어날 것처럼 버티고 서 있었다. 그녀가 손을 놓기만 하면 뒤쪽으로 조금씩 밀려 들어가서, 그녀도 새로 타는 사람들도 편히 갈 수 있는 상황이었다. 하지만 그녀가 팔에 힘을 강하게 주고 있어서 모두 힘들었다.

나는 부정적인 감정이나 신념에 대해서도 우리가 이렇게 대응한다는 생각이 들었다. 불안이나 외로움 같은 부정적인 감정에 대해서, 자신도 모르게 그것을 느끼지 않으려고 저항하거나 회피하거나 억압한다. 의식에서 사라지면 괜찮을 줄 알지만, 무의식 속에 잠재되어 있다가, 인연이 도래하면 엉뚱한 모습으로 되돌아와 자신을 괴롭게 만든다.

억압이나 저항에는 매우 많은 에너지가 소모되어, 특별히 한일이 없을 때조차 피로감을 느낀다. 부정적인 정서를 스스로 처리할 수 없는 어린아이일 때는 어쩔 수 없다지만, 자신도 모르게 습관화되어 버린 패턴은 성인이 돼서도 반복하는 경향이 있다.

만약 저항하지 않고, 있는 그대로 느끼면서 흘러가도록 놓아둘 수만 있다면, 아마 부정적인 감정은 우리를 통과해서 우리가 자유로워질 것이다. 그것을 방어하기 위해 힘을 쓰지 않게 될것이고, 에너지가 비축될 테니 그 에너지는 다른 일을 하는 데유용하게 쓰일 것이다. 다만, 어린아이나 어른도 안전하고 안정감을 느낄 수 있어야 저항이나 억압을 하지 않는다는 중요한 사실이 있다.

방어기제(defense mechanism)

인간은 불완전한 존재로 특히 유아기와 아동기의 의존 기간
이 영장류 중에서 가장 긴 동물이다. 부모의 불완전성과 사
회적·환경적 이유들로 인해 아이는 의존적 욕구와 본능적
욕구의 좌절을 겪을 수밖에 없다. 그 결과 마음속에서는 욕
구와 금지 사이의 갈등이 일어나고, 마음의 평화가 깨지면
서 불안이 생긴다. 모든 생물이 그렇듯이 아이는 이 두려움
으로부터 자신을 보호하고, 부분적으로라도 욕구의 충족을
얻을 방법을 습득한다. 이 방법이 방어기제이며, 이것이 개
인의 성격 특성으로 나타난다. 방어기제의 종류는 30여 가
지가 넘는다.[*]

 방어는 불편한 상태에서 벗어나기 위해 시도하는 생각이
나 행동 혹은 어떤 조치들이다. 거의 무의식의 영역에 있어
서 자신은 의식하지 못한다.

 하버드대학교 의과대학 교수이자 정신과 전문의인 조지
베일런트(George E. Vaillant)는 '건강하고 행복한 삶의 원동

---

[*] 이무석(2008). 『정신분석에로의 초대』, 도서출판 이유; 힐러리 제이콥
   스 헨델(2020), 『오늘 아침은 우울하지 않았습니다』, 문희경 역, 더 퀘
   스트; Sheldon Cashdan(2010). 『대상관계치료』, 이영희 외 공역. 학지
   사; 최영민(2011). 『대상관계이론을 중심으로 쉽게 쓴 정신분석이론』,
   학지사 등 참고.

력은 무엇인지' 밝히는 연구를 42년 동안 진행했다.*

그는 행복의 조건은 '인생의 고통에 어떻게 대응하는가'에 달렸다고 말한다. 그는 '사람들이 겪는 고통이 얼마나 많고 적은가'보다는, '그 고통에 어떻게 대처하는가'를 집중적으로 파고들었다. 그가 주로 사용한 분석 도구는 고통이나 갈등, 불확실성에 대한 '무의식적 방어기제'였다.

"우리가 흔히 정신병이라고 이름 붙인 것들은 대부분 방어기제를 '현명하게' 발달시키지 못했다는 반증일 뿐이다. 방어기제를 잘 활용한다면, 우리는 얼마든지 정신적으로 건강하고 양심적이고 유머러스하고 창의적이고 이타적인 인간이 될 수 있다. 그러나 방어기제를 부정적으로 이용하면, 정신병 진단을 받고 이웃들로부터 외면당하고 사회에서도 부도덕적이라는 낙인이 찍힐 것이다."라고 베일런트는 말한다. 그는 신체적, 정신적으로 건강한 노화를 예견하는 일곱 가지 주요한 행복의 조건들을 꼽았다. 첫 번째는 고통에 대응하는 성숙한 방어기제이고, 이어서 교육, 안정된 결혼생활, 금연, 금주, 운동, 알맞은 체중이었다.

---

* 조지 베일런트(2010), 『행복의 조건』, 이덕남 역, 프런티어.

응, 나(본성, 주인공) 여기 있어!

나는 권위자가 권력을 잘못 사용하는 모습을 보면 화가 나곤 했다. 겉으론 냉정해지고 표현하지 않을 때도 있었지만, 내심 그의 잘잘못을 평가하며 비교했다. 그런데 결국 나도 상담학 박사학위, 상담전문가 1급 수퍼바이저 같은 권위를 좇았다. 권위 있는 자격을 갖추었으나, 나는 여전히 관계에서 외로움을 느꼈고, 이 감정에서 벗어나고 싶었다.

개인상담과 꿈분석에 만족할 수 없었을 때 그녀의 연락을 받았다. 그녀는 내가 박사과정 때 만난 석사과정 학생이었다. 우리는 '우리 집단'이라는 이름으로 거의 2년 동안 매주 만나 3시간씩 자조집단상담을 했다. 나는 그녀가 공감을 잘해줬다고 기억해서, 전화가 왔을 때 무척 반가웠다. 거의 4년 만의 만남이었다. 그녀는 그동안 십여 차례 인도 오앤오 아카데미에 다니면서 의식적으로 성장하고 있다며 신나 했다.

그때 나는 외로움 때문에 누구의 도움이라도 받고 싶었다. 우리는 2016년 11월에 만났다. 나는 그녀가 진행하는 이틀짜리 명상 프로그램에 참석하기로 했는데, 다른 신청자가 없어서 나 혼자 프로그램에 참여하게 되었다. 그녀는 내가 '특별한 스님'이기 때문에, 이틀 동안 혼자 코스를 하는 것이라며 나를 잔뜩 치켜세웠다.

처음엔 참여비가 비싸다고 생각했는데 코스를 마칠 즈음, 그 생각이 바뀌어 주변 사람들에게 권유하였고, 스님과 재가자 몇 분이 그 프로그램에 참석했다. 대부분 내가 경험했던 것처럼 생각지도 못한 체험을 했다.

이 코스에서 나는 불성(아미타불)을 경험했는데, 그녀의 표현대로라면 신성 체험이었다. 신령스러운 성품을 불교에선 자성(自性. 또는 우주법계, 본성, 불성, 진성, 주인공, 진아, 대아, 진인 등)이라고 부르는데, 종교를 초월해서 신성이라고 불렀다. 신성이라는 용어가 불편해서 수용하는 데까지 몇 년의 시간이 걸렸다.

그녀의 안내를 따라 내 신성인 아미타불을 가슴으로 초대할 때 '서방정토에 계시는 아미타부처님 저의 가슴으로 오세요'라는 방식으로 요청했다. 그런데 그 순간, 가슴에서 '응, 나 여기 있어!'라는 신호를 감지했다. 너무 분명한 반응이라서 깜짝 놀랐다. 그 감각적 경험은 이미 내가 아는 느낌이었다. 다름 아니라 8월에 수불 스님 간화선에서 체험했던 그것과 똑같았다. 간화선에서 순식간에 체험한 것이라서 의심을 했었는데, 이번에 아미타불을 초청했을 때 똑같이 가슴 부위에서 신체의 감각적인 반응(응답)이 있었다.

지금까지 아미타불은 이곳에서 십만팔천 리나 멀리 떨어진 서방정토라는 곳에 따로 있는 줄 알았다. 그런데 내 가슴에 있다니, 얼마나 놀라운 일인가! 하지만 이때까지 나는 확신이 없었던 것 같다. 불신不信의 뿌리는 매우 깊었다.

인도 명상 아카데미에 가기로 결정하다

나는 그녀가 이끄는 또 다른 코스에 참여하고 나서 인도에 직접 가기로 마음을 굳혔다. 인도에 가서 명상 프로그램에 참여해 보면, 왠지 모르게 외로움 때문에 괴로워하는 자아(에고)로부터 자유로워질 수 있을 것 같았고, '불교상담도 제대로 가르칠 수 있을 것 같다'는 확신이 들었다. 외로움 때문에 그녀의 프로그램에 참여했다가 인도에 갈 다른 큰 이유가 생긴 것이다.

하지만 인도에 갈 때까지 몇 번이나 변덕이 죽 끓듯 했는데, 프로그램 참가비가 무척 비쌌고 기간도 꽤 길었기 때문이다. 그런데도 간 이유는 두 가지였다. 하나는, 바쁜 중에 일정이 빈 것이다. 당시 몇 곳의 대학에서 5개 과목을 가르치고 있어서 무척 바빴고, 불교교양대학에서도 강의를 했으며 개인상담도 있었다. 그런데 신기하게도 2017년 1월에 일정이 잡히지 않아서 수첩이 비었다. 보통은 한두 달 전부터 일정이 잡히는데, 그때는 텅 비어 있어서 수첩을 몇 번이나 뒤적이면서 신기하다고 생각했다. 다른 하나는, 명상 프로그램에 참여할 비용이 있었다. 나는 원룸에서 투룸으로 이사를 하기 위해 3~4년 동안 모아둔 돈이 있었는데, 딱 그만큼의 비용이었다. 나는 그동안 '돈이 있으면 시간이 없고, 시간이 있으면 돈이 없다.'고 말해 왔는데 신기하게도 둘 다 있어서 가라는 신호 같았다.

출가出家할 땐 가족, 친구, 회사 등, 정들었던 모든 것을 버려야 하는 단단한 각오와 큰 용기가 필요했지만, 인도 명상 아카데미에 가는 결정은 상대적으로 쉬운 버림(포기)이었다. 약간의 용기를 내어 돈에 대한 애착과 미래에 대한 불안을 내려놓으면 되었다.

그녀는 나의 코디가 되어 내가 인도에 갈 수 있도록 안내했다. 그곳에서 거의 한 달 동안 지낼 계획이라서 필요한 것을 잘 준비해야만 했다. 나는 그녀가 알려준 대로 전기요, 실내용·실외용 슬리퍼, 컵라면, 누룽지, 전기 포트 등을 준비했다. 그런데 인천공항에서 일행을 만나 이야기를 나누면서, 나는 그녀로부터 제대로 안내받지 못했다는 사실을 알고 기분이 좋지 않았다. 그녀에 대한 고마움이 실망으로 바뀌어 갔다.

인도에 도착하자마자 그녀의 안내가 형편없었다는 것을 확인할 수 있었고, 차츰 그녀에게 화가 나기 시작했다. 인도의 게스트룸 이용 방법, 환전 정보, 필요 물품 등 그 수를 헤아리니 자그마치 20여 종류를 더 준비했어야 하는 상황이었다. 다른 일행들은 자신의 코디로부터 자세히 안내를 받았을 뿐만 아니라, 코디가 인도까지 동행하는 그룹도 있었다. 비교가 되니 화가 나기 시작했고, 신뢰에도 금이 가서 불편했다.

나는 나처럼 준비되지 않은 상태로 인도에 가는 사람이 생기지 않도록 하고 싶어서, 내가 직접 인도 명상 아카데미를 안내하는 코디가 되기로 마음을 먹었다. 그녀의 코디 방식에 불만을

느낀 사람이 혼자만은 아니어서, 문제의식을 공유하는 사람들
도 있었다. 이때까지 나는 나의 화가 정당하다고 생각했다.

깨우침의 여정: 명상

고통은 경험되어져야 하고, 경험되면 자유로워진다

2017년 1월 5일 새벽 인도 첸나이 공항에 도착했다. 시내의 한 게스트룸에서 휴식을 취하고, 6일 아카데미(Oneness & One world Academy)에 도착했다. 다음 날 드디어 첫 수업이 시작되었다.

한국 참가자들은 십여 명 정도 되었고, 전체 참가자는 대충 백오십 명이 넘어 보였다. 약 열여섯 개의 나라에서 참가했다고 들었다. 나는 OPC(Oneness Partners Course) 1,2,3 단계를 신청했다. 각 단계별로 5일 진행하고 하루 쉬었다가, 다음 단계를 넘어갔다. OPC 1,2,3단계 전체 참석자가 있는가 하면, 1,2단계만 참석하는 사람, 그리고 2,3단계만 참석하는 사람 등 인원이 들쭉날쭉했다.

나는 이어폰으로 흘러나오는 통역 목소리를 따라가면서 아카데미 선생님이 전하는 지혜의 말을 한 글자라도 놓칠세라 쉴 새 없이 받아 적었다. 부처님의 가르침을 현대어로 쉽게 설명해줘서 기뻤고 흥분되었다. 지금껏 접해보지 못했던 문장과 표현이 많았기 때문에 충격적이었고 놀라웠다. 선생님은 필기하기보다는 직접 체험하라고 말했지만, 나는 한마디도 놓치고 싶지 않았다. 그 덕분에 돌아와서도 꺼내어 볼 수 있었고, 지금 이 글을 쓰게 되었다.

수업은 대개 아침 식사 전 태양 경배 요가로 시작했다. 영상 자료를 포함하는 이론 수업이 있고, 이론에 대한 질의응답 시간을 갖고, 약간의 휴식을 취한 다음, 명상 실습(숙고), 감사와 축하(춤), 그리고 전체적으로 체험을 이야기하며 나누는 방식이었다.

선생님들이 말하는 어떤 경지에 닿기를 기대하는 조급한 마음이 생겨, 안내하는 아름다운 상태를 누구나 경험하는지 궁금했다. "선생님이 똑같이 가르쳐도 학생들의 등급이 달라지듯이 열정이나 집중도에 따라 다른 위치로 갑니다." "어떤 상황이든지 직면하세요. 직면하면 그 상황에서 벗어나게 됩니다." 나는 열정이 있었고 집중할 수 있었지만, 이 말의 의미를 깨닫기까지 수개월이 걸린 것 같다.

선생님이 이끄는 대로 따라가기만 해도 어떤 종류의 체험이 일어났다. 그것은 단지 생각 차원에서 이해하는 것이 아니라, 모두 몸에서 감각적으로 일어났다. 이것이 '정서적 접촉'이라는 것을 이해하고 안 것은 한참 지나서였다.

첫 단계는 자신의 틀―패턴, 조건화, 자유롭지 않은 상태, 감옥상태-에 대해서 인식하고, 그것으로부터 자유롭기 위해 '있는 그것-화, 질투, 두려움, 죄책감, 상처 등 부정적인 감정-과 함께 있기'를 배웠다. 매일 하루 온종일을 사용해서 한두 종류의 주제가 주어졌다. 깊은 무의식의 그것과 초월적인 신비 체험을 하기도 했다. 단지 명상만 하는 것이 아니라, 요가를 통해 몸을 깨우고, 지혜를 통해 이해를 넓혔으며 그리고 위빠사나와 같은 명상을 통해 자신의 무의식적인 어떤 측면과 접촉하도록 이끌어 주었다.

이 과정에 대해 내가 이해한 바는 이러하다. 태내에서부터 출생까지 그리고 성장 과정 동안 우리는 삶을 살아간다. 이 과정에서 자신만의 어떠한 틀-조건화, 미해결과제, 억압된 그것, 쌓인 것, 부정적인 감정의 쓰레기들, 내면의 프로그램 등-을 만들게 된다. 너무 많은 틀은 감옥과 같아서 자유가 없게 된다. 이 틀이 우리가 자유롭게 사는 삶을 가로막고 있기 때문에, 자신의 틀이 무엇인지 만나고 그것으로부터 자유로워져야 한다.

첫날 배운 여러 가르침 가운데 가장 인상 깊었던 내용은 고통은 경험되어져야 하고, 경험되면 자유로워진다는 가르침이었다. 나는 외로움과 같은 고통을 바라지 않아서 지금껏 그것을 없애려고만 했었다. 그런데 가르침은 '우리는 고통으로부터 도망가도록 디자인되어 있고, 고통이 있기 때문에 도망을 간다. 하지만 고통으로부터 자유로워지기 위해서는 그 고통을 경험해야 한다'는 이치였다. 어떤 불쾌한 내면의 그것들-틀, 조건화, 미해결과제, 억압된 그것, 쌓인 것, 부정적인 감정의 쓰레기들, 내면의 프로그램 등-과 함께 있고, 그것을 수용하면 성장이 빨라지고 점점 자유로워지며, 즐겁고 사랑하게 된다는 원리였다. "무엇이든지 그 감정과 함께 있는 것을 배우면 행복하게 됩니다."

"뭐라고?!" 나는 그동안 고통은 집착에서 일어나고, 집착에서 벗어나기 위해선 팔정도八正道로 수행해야 한다고 여겼다. 그러니까 고통에서 벗어나기만을 바라며 노력을 했지, 고통과 함께 머물러볼 생각은 한 번도 해보지 않았다. 그런데 '고통 그것과 함께 있으라!'고 하였다. 고통을 외면하거나, 부정하거나, 억압하는 것이 아니라.

선생님들은 이 가르침이 심리학은 아니라고 말했으나, 나는 불교와 심리학 그리고 명상과 영성을 접목하는 장으로 이해되었다. 자아초월상담학에서 배웠던 이론을 이곳에서 직접 체험하는 것 같아서 환희에 찼다.

관계의 뿌리는 부모

아카데미에서는 깨달은 여성을 '암마(amma)', 깨달은 남성을 '바가반(bhagavan)'이라고 불렀다. 바가반은 과거 역경승(경전을 번역했던 승려)이 세존(世尊: 세상의 존귀한 분)이라 번역한 바 있다. 인도에 갔을 때, 암마나 바가반으로 불리는 성인이 몇 분 있

캠퍼스 3에 있는 망고나무

는 것 같았다. 아카데미의 바가반은 '삶은 관계'라고 가르치며, 관계의 원형을 부모와의 관계로 본다.

"관계가 없다면 당신은 없고, 당신은 관계에서부터 왔습니다. 우리의 뿌리는 부모입니다. 부모와의 관계는 모든 삶에 영향을 미칩니다. 그래서 부모님과의 관계 회복이 중요합니다."

부모와의 관계가 중요하다는 연구를 우리는 알고 있다. 건강하고 행복한 삶의 원동력이 무엇인지 밝히기 위해 실시한 '그랜트 연구'(1930년대 말에 입학한 2학년생 268명의 삶을 72년 동안 추적한 장기적인 종단 연구)에서도 "행복하고 건강하게 나이들어 갈지를 결정짓는 것은 지적인 뛰어남이나 계급이 아니라 사회적 인간관계다."고 말했다. 어린 시절에 부모와 따뜻한 관계였던 사람들, 즉 행복한 유년기를 보낸 사람들 중에는 70세에 이르러 폭넓은 사회 봉사 활동을 즐기는 사람들이 많았고, 노년의 경제 수준을 결정짓는 지표가 부모의 사회적 지위나 계급이 아니라 부모의 진정한 사랑과 보살핌인 것으로 나타났다.[*]

아카데미 선생님은 '모든 관계는 부모와의 관계의 반영이기에, 부모님과의 관계를 정립하는 것이 아주 중요하다'고 강조하며, 우리가 부모와의 관계를 명상할 수 있도록 안내했다. 나는 연꽃 자세를 취하고 호흡에 집중한 다음, 의식 안으로 부모님을 초대했다. 내가 받은 상처에 대해 먼저 숙고하고, 감은 눈앞에 그들을 초대해서 어릴 때 내가 받은 분리불안과 두려움, 공포, 불신, 분노 등과 마주했다.

자식 없는 부잣집으로 보내려고 하는 과정에서 생긴 분리불안, 사랑스럽고 귀여운 막내딸에게 '다리 밑에 사는 너희 부모 찾아가라'며 한겨울 마루로 내몰았을 때의 공포와 두려움, 안전

---

[*] 『행복의 조건』, 조지 베일런트 저, 이덕남 역, 프런티어, 2010.

하게 돌봄을 받지 못해서 생기는 불신과 분노와 접촉했다.

그때 그 아이가 느꼈을 상처에 가 닿아 있는 그대로 느꼈다. 그 아이가 부모에게 하고 싶었던 말을 마음속으로 말했다. 얼마나 불안했는지, 얼마나 무서웠는지, 얼마나 안전이 필요했는지, 얼마나 많이 떨었는지, 얼마나 눈치를 보았는지, 그러나 버림받는 것에 대한 불안과 두려움 때문에 할 말도 못하고 비위를 맞추며 얼마나 눈치를 봤는지를 이야기하며 흐느껴 울었다.

그리고 내가 부모님에게 주었던 상처-무관심, 무시나 경멸 등-를 떠올렸다. 나는 지금껏 한 번도 부모에게 내가 상처를 주었다고 생각해보지 않았다. 그런데 나-중심적으로 살면서 내 의식 밖으로 밀어냈던 부모님, 무능했던 아버지에게 품었던 무의식적인 불만과 접촉하며 깊이 참회하면서 목놓아 울었다. 주변 사람들의 시선을 의식할 필요가 없었다. 나 혼자만 우는 게 아니라 모두 다 울었다. 내가 준 상처와 접촉하였는데, 신기하게도 두 분에게 뜨거운 사랑과 감사함을 느꼈다.

그리고 우주지성*-신성, 신령스런 본성, 집단의식, 집단지성, 아미타불, 주인공, 진아, 대아 등-에게 나와 형제들 그리고 부모님

---

* O&O Academy는 신神을 초(월)의식, 집단의식으로 이해한다. 초의식은 인간을 포함하여 모든 의식의 총합이다. 우주지성, 신성은 특별한 형태가 없고 그 자질은 최상의 친구이다. 신성, 근원, 현상, 내안의 현존, 우주에 퍼져 있는 지혜, 우주의식, 집단지성 등이 비슷하다.

의 상처가 다 사라지도록 기도했다.

그날 밤 나는 처음으로 감사의 마음을 담아 어머니께 편지를 썼다. 그래서일까? 그날 밤 꿈에 언니들이 내 방으로 와서 함께 춤을 추며 신나게 놀았다.

쌓임(충전)

아카데미 선생님은 그것이 무엇이든지 "그것과 함께 있으라." 고 가르쳤다. "그것이 무엇이든 그 감정과 함께 있는 것을 배우면 행복하게 됩니다." 나는 지금까지 고통의 해결 방법에 대해 이와 반대로 이해한 것 같다. 그것이 고통스럽고 힘들고 괴로운 것이라면, 그것과 함께 있기보다는 그것을 없애려고 노력했다. 개인상담, 집단상담, 명상, 미술치료, 선치료 등 지금까지 내가 해왔던 모든 애씀은 고통으로부터 벗어나려는 발버둥이었다는 것을 알아차렸다. 나는 고통과 함께 있지 않으려고 노력했었다. 나는 뒤통수를 한 대 맞은 것처럼 충격을 받았다.

질투하지 않으려고 애썼고, 질투를 느끼는 자신을 부끄러워했으며, 뭔가 좋은 것으로 바꾸려고 노력했다. 화, 질투, 두려움 등 모든 고통은 나쁘다고 밀어냈더니, 하나로 뭉쳐서 점점 더 강해지는 것 같았다. 하지만 질투하는 것도, 질투하지 않으려는 것도, 질투를 더 좋은 것으로 바꾸려는 것도 다 마인드(mind, 생각과 감정으로 구성. 말나식)의 속삭임(언어)이고 모두 다 고통이었다.

마인드의 본질은 고통을 싫어해서 뭔가 좋을 것으로 바꾸려고 하고, 타인을 탓하며 조종하려고 했고, 계속 상황과 상대를 판단했다. 마인드는 내면에서 끊임없이 재잘거렸다. 나는 마인드의 놀이(게임)에 속고 산 것 같았다. 이 고통에서 벗어나는 여러 길이 있는데, 내가 아카데미에서 배운 방법은 마인드와 친구되기 그리고 의식의 변형이었다.

고통을 무척 싫어해

아카데미에서 처음 며칠은 잠을 제대로 이룰 수 없어서 새벽에 몇 번씩 깼다. 오전 수업은 대부분 7시 즈음 시작하는데, 그날은 5시도 안 되어서 명상 홀로 갔다. 입술이 터진 것을 보니 뭔가 불편하고 힘든 것 같은데, 의식은 그렇지 않았다.

나는 아카데미에 도착하고 일주일간 혼자 호텔방을 사용했다. 경험이 많은 다른 일행들은 축복이라며 부러워했지만, 나는 약간의 불안과 소외감을 느꼈다. 혼자 넓은 방을 사용해서 좋은 것이 아니라, 언어가 통하지 않았기 때문에 불안했고, 혼자라서 외로웠다. 이것은 내가 아주 싫어하는 감정인데, 이것을 다시 체험하도록 한 것일까! 피하고 싶은 불편한 감정과 다시 마주할 수밖에 없는 기회가 생겼으나, 접촉하기보다는 없애고 싶었다. 나는 내면의 본성과 접촉한 적이 있었으나, 완전히 연결된 느낌을 갖지는 못한 상태였다.

선생님은 저녁 명상 수업 시간에 몸을 움직이지 못하도록 하고, 올라오는 감정만 표현하도록 우리를 이끌었다. 그런데 내 머릿속엔 자꾸만 통역이 맘에 들지 않아 통역사에게 화가 났고, 다리가 아프니까 짜증이 올라와 소리를 질러댔다. 선생님은 몸을 움직이지 말라는 안내를 계속해서 했다. 한참 지나, 나는 속으로 '내가 졌어!', '내가 항복이야!'라며 다리를 움직여버렸다. 다리 통증이 너무 싫었고, 그 고통에서 빨리 벗어나고 싶었다. 그때 진정으로 내가 고통을 무척 싫어한다는 것을 깨달았다. 고통과 함께 있기보다 없애고 싶었다. 짜증, 화, 분노 상태에서 복종, 항복 등이 연상되었다. 참여자들이 처음에는 웃는 사람이 많았으나, 점점 소리를 지르는 쪽으로 변해 갔다.

명상(사다나(sadhana)) 자세를 취하는데 왜 그리 눈물이 나는지, 눈물의 의미도 모른 채 울었다. 시간이 한참 흘러 몸을 자유롭게 하는 춤을 추도록 했다. 즐겁고 신났다. 나는 이런 춤을 추고 싶어서 오랫동안 기다려온 듯, 춤은 자연스러웠고 몸은 유연했다. 행복감과 만족감을 느끼며 그날 밤 깊은 잠에 빠졌다.

괜찮은 척하면서

아침 요가 시간이었다. 며칠 동안 요가를 했으니, 순서와 방법을 알 거라며, 통역사 자신도 요가를 하겠다며, 그래서 통역을 안 하겠다고 일방적으로 통보해 왔다. '난 아직 순서를 못 외웠는데!' '이 요가는 눈을 감고 하라는데?' '미친년! 누구 맘대로!' 나는 순간 화가 나서 속으로 욕을 해 버렸다. 세상에 내가 욕을! 나는 통역비를 지불했기 때문에 정당하게 통역 서비스를 받고 싶었다. 게다가 수신기는 일방적으로 듣는 기능밖에 없어서 요가 시간 동안에는 건의를 할 수도 없었다.

요가 시간을 마치고 노트를 챙기려고 명상 홀로 가는 길이었다. 일행 한 사람이 다가와 내 등을 쓰다듬어 주었다. 나는 그녀에게 "위안이 돼요."라고 말하자 그녀가 나를 안아주었다. 그렇게 한참 있으니 눈물이 났다. 서러움일까!

통역에 대한 불만으로 화가 나 있던 상태에다가, 영어를 못하는 서러움과 더불어 스님이라는 체면 때문에 항의도 하지 못하고 괜찮은 척하면서 무척 속상한 상태였다. 그녀는 나를 어루만져 주었는데, 이때까지 나는 나 자신을 돌보고 어루만지는 법을 몰랐다.

한국으로 돌아갔을 때 아무것도 달라지지 않으면 어떡하지!

내면에 있는 프로그램-무의식에 남아 있는 감정의 찌꺼기, 틀, 조건화, 미해결 과제-을 관찰하는 강력한 명상을 했다. 선생님은 마인드가 생각하지 못하도록 정보를 주지 않았고, 빠른 풀무

호흡-풀무질하듯이 급격하게 숨을 마시고 내쉬는 호흡-을 하도록
이끌었다.

"자신의 두려움이 무엇인지 봐야만 하고, 고통은 경험해야
다시 똑같은 상처에 상처받지 않습니다. 상처를 갖고 있으면
타인에게 관심을 갖지 못해요. 갈등 상황에서 벗어나려면 자
각해야 합니다."

선생님은 우리가 자신의 상처에 가 닿을 수 있도록 밀어붙였
다. 아카데미에서 느꼈던 내 내면의 두려움은 이러했다.
'이 프로그램을 경험하고 한국으로 돌아갔을 때 아무것도 달
라지는 것이 없으면 어떡하지!'
'전세방 문제가 원만히 해결되지 못하면 어떡하지!'
'사랑받지 못하면 어떡하지!'
'버림받으면 어떡하지!'
'계속 시간 강사만 하면 어떡하지!'
내 의식은 두려움으로 물들어 있었다. 여전히 내면에는 미래
와 관련된 불안이 재잘거렸다. 어릴 때 생긴 분리불안으로 인한
두려움은 내 삶의 전반에 드러났다. 예컨대, '버림받으면 어떡
하지!'라는 강력한 무의식의 두려움 때문이었는지, 나는 남자
친구에게 버림받았다고 생각하며 살았다.

강력한 명상 중에 두 팔과 몸통까지 내 몸이 아닌 것같이 전파가 흐르듯 찌릿찌릿했고 내 마음대로 몸을 움직일 수도 없었다. 그 와중에 계속 드는 생각은 '저 우마지-삼매 상태에서 6년 동안 머물렀다는 바가반의 수승한 제자- 선생님의 호흡은 녹음인가? 실제로 그렇게 강하게 하는 건가? 녹음한 거겠지? 그런데 너무 자연스러운데?' 하는 의심이 끊임없이 올라왔다. 선생님은 어떤 감정이든지 허용하고, 그 감정을 경험하라고, 무언가를 보려고 하지 말고 그냥 감각을 느끼고, 그 감정을 내보내라고 밀어붙였다.

강력한 호흡이 힘들고 고통스러웠으나 참았는데, 조금 춥게 느껴졌다. 이때 과거 생인지, 미래 생인지 알 수 없으나, 내가 높은 자리에 앉아서 법문하는 장면을 보았다. 나는 신망을 얻은 능력 있는 설법가로서 대중 앞에서 차분하게 설법을 하는 것처럼 보였다.

오늘의 경험에 대해 우주지성 아미타불에게 감사의 기도를 하는 시간에, 나는 짜증이 올라왔다. 엄청 힘겹고 피곤할 때 짓는 표정이 저절로 지어졌다. 대체로 불만족에다가 하나도 즐겁지 않았다.

한편, 나는 햇살이 쏟아지는 양지바른 곳에서 작은 보라색 꽃들이 무더기로 피어 있는 모습을 보았다. 선생님은 웃음보가 터져 말을 제대로 맺지 못할 정도였고, 사람들도 크게 웃었다. 나는 웃음의 의미를 몰라 싱숭생숭했다.

다음날 질의응답 시간에 선생님은 "우리가 의식이기 때문에, 의식이 확장되면 기쁩니다." "아이들은 즐거운데 그 이유는 계속 성장하기 때문입니다."고 말했다.

내 무의식의 프로그램은 불안과 불신 그리고 화와 불만족인 것 같았다. 지금까지의 노력으로 알고는 있으면서도 저항했다면, 이제는 그것을 인정하고 있는 그대로 체험해야만 했다.

감사함을 모른다

달래서 얻더라도 적게 여기며, 더 주어도 항상 부족하게 생각하며, 백 번 달래서 백 번 주어도 은혜를 생각지 않으며, 한 번만 마음에 쾌하지 않아도 문득 분노를 일으키느니라.
_『자비도량참법』 제5권

나는 매일 체험하고 있으면서도, 뭔가 더 경험하고 싶어서 부처님께 도와달라고 요청했다.

선생님이 '어제 했던 체험에 대해 경험을 나눠달라'고 했을 때, 대부분의 사람들은 자신의 신비로운 경험을 이야기하면서 감사하다고 말했다.

나는 계속해서 손을 들었으나, 자신의 경험을 나누고 싶어하는 사람들이 너무 많아서 내 차례가 돌아오지 않을 것 같았다. 내가 자꾸만 손을 번쩍 들었던 것을 기억한 쿠마지-아카데미의 우수 지도자- 선생님이 한참 후에 나를 지목했다. 나는 어제 아무런 감사함이 일어나지 않았고 즐겁지도 않았다고 고백했다. 그런데 놀랍게도 선생님은 나만 그런 게 아니라 사람들이 평소에 '감사함을 모르고 산다'며 예를 들었다.

"아내가 바라는 것을 남편에게 열 가지 이야기했다고 합시다. 남편이 아홉 개를 해 주면, 부인은 받지 못한 한 개를 말해요. 인간은 만족하고 감사할 줄 모릅니다. 그런데 감사함과 함께 있으면 빨리 성장합니다. 말로만 '감사하다'고 말해서는 변화가 일어나지 않아요. 얼마나 감사한지 자각해야 합니다. 그러기 위해서는 자신이 얼마나 감사함이 없는지부터 시작해야 해요. 그래야 감사함이 생깁니다. 감사함이 있다면, 감사함이 있다고 증명할 필요도 없지요."

선생님은 우리가 부모님, 파트너, 친구, 우주지성에게 얼마나 감사함을 못 느끼고 사는지를 알 수 있도록 명상하는 시간을 주었다. 나는 그동안 부모님과 부처님 그리고 도반에게 감사하지 못했던 부분들이 생각나서 많이 울었다. 부모님께 감사하지 못했던 부분은 이러하다.

166

부모님의 육체적인·심리적인 고통에 대해서 관심이 없었고, 그들의 고통을 느끼지 못했으며, 감사한 마음을 내지도 못했다.

아버지가 돌아가신 후 어머니의 육체적인 고통과 외로움에 대해서 알지 못했고, 홀로 견딘 것에 대해서도 몰랐다. 부모님이 돈을 아껴 쓰며 모아서 자식들에게 남겨 주려는 마음에 감사할 줄 몰랐다.

시골집에서 춥고 불편하게 사는 것에 대해서도, 육체적으로 고통스러운데도 혼자 사는 것에 대해서도, 83세(2017년)에도 큰 병 없이 홀로 사는 것에 대해서도, 자식들을 위해 늘 기도하는 마음에 대해서도, 불평하지 않는 것에 대해서도 감사하지 못했다.

나는 아카데미 프로그램에 참여한 지 5일째 되는 날 비로소 오길 참 잘 했다는 생각이 들었다. 내가 와야 할 곳에 온 것 같았다.

기억하는 모든 부처님과 보살님을 떠올리며 감사드렸고, 문자로 한국에 있는 가족들 그리고 지인들과 감동을 나누었다. 나를 아카데미에 초대하고 인도에 올 수 있도록 안내해 준 코디에게 감사의 문자를 보내고 긴 통화를 했다. 그녀에게 났던 화가 눈이 녹는 듯 녹았다.

명상 시간에 어제와 비슷한 강력한 체험이 있었는데, 어제와 달리 우마지 선생님의 호흡에 믿음이 갔고 안심이 되었다. 선생님은 참여자들이 강력한 체험을 할 수 있도록 호흡을 이끌었는데, 어제 없던 믿음이 오늘은 생겨났다. 선생님의 호흡을 믿는 순간 눈물이 났다. 믿으니 의심이 사라졌고 뒤이어 행복감이 밀려왔다.

강력한 호흡을 하면서 짜증이 나고 힘들 때마다 입 밖으로 크게 소리를 내질렀으며, 부모님의 고단했던 삶의 경험이 떠올라서 그들의 고통을 없애 달라고 부처님께 간절히 기도했다. 나머지 가족 한 사람 한 사람 얼굴을 떠올리며 고통에서 벗어나고 풍요롭게 삶을 살아갈 수 있도록 기도드렸다. 그리고 내담자들의 얼굴이 떠올랐고, 그들의 고통이 사라지는 것을 시각화했다. 앉아서 호흡을 했는데도 누워서 했을 때처럼 양쪽 팔과 전신이 전기로 충전된 것 같이 찌릿찌릿했다.

마음은 고통스러운 건 아무것도 안 하려고 해

휴식하는 날이었다. 아카데미에 와서 처음으로 아침에 일어나기 싫을 만큼 편안한 밤을 보냈다. 이날은 부(富, 재정)에 대한 의식에서 깨어나는 명상을 하는 날이었다. 통역사 없이 등록을 해야 하는데 영어를 못한다는 두려움과 불안이 올라와서 심장이 뛰었다. 함께 참여했던 선생님의 도움을 받아 접수에 성공했다. 예전과 다르게 배운 대로 불편한 감정에 머물렀다. 이런 불안과 두려움은 집을 떠나는 버스를 탈 때도 있었고, 아카데미에서도 가끔 일어나는 감정이었다.

나는 영어에 대한 두려움을 겪은 이후, 몇 년이 지나고 나서야 문맹이었던 어머니의 고통을 조금이나마 짐작할 수 있었다. 어머니는 "반지그릇(반짇고리. 바느질 그릇)에 편지가 왔다갔다 하면 집구석을 망친다!"는 외할아버지의 그릇된 신념 때문에 초등학교도 다니지 못해서 글을 모른 채 일생을 살아간다. 외할아버지는 "여자는 글을 배워 놓으면, 편지를 친정에 써 보내게 되고, 그래서 사돈끼리 마음이 상한다."며 어머니를 학교에 보내지 않았다.

"친구 어머니를 따라서 몰래 입학을 하고 돌아왔는데, 외할아버지가 패(때려) 죽인다는 바람에 도망을 쳤지. 동네 물레방아 밑에 숨어 있다가 오빠 둘이 데리러 와서 저녁에 집에 돌아갔지. 그 후에는 학교 문 앞에도 안 갔어."

"보살님, 일평생 글을 모르고 사는 게 어땠어요?"

"어떻게 그걸 말을 해!!"

"힘들었다는 말이지요?"

"힘들었지! 힘든 걸 어떻게 말을 해! 표현을 못 해! 눈 뜬 봉사지! 지금도 말도 못하게 힘들지."

"뭐가 제일 힘들었어요?"

"등신노릇하고 살지! 장~(항상~)! 넘(다른 사람)한테 일일이 물어봐야 해서 등신같고! 내가 몰라서 뭘 적어달라고 해도, 딸이 있다고 (가까운 이웃 사람이) 안 해줘! 못 배운 게 후회스럽고! 죽은 듯이 살아."

내가 인도에서 영어로 인한 긴장과 두려움을 체험하지 않았더라면, 나는 문맹으로 인한 어머니의 고통을 짐작조차 하지 못했을 것이다. 나는 어머니의 고통에 무관심했고 무감각했다.

무의식을 깨우는 명상에서 나는 광명의 빛인 부처님께 내가 여기에서 온전히 체험할 수 있도록 가피(加被: 부처님이 자비의 힘을 베풀어 사람들에게 힘을 주어 돕고 지켜 주는 것)를 달라고 요청했다. 그러자 '그러마! 그렇게 할게~'라는 내면의 응답이 있었다. 나는 실제로 소리를 들은 것만 같았다. 그 순간 내면의 붓다(불성)와 연결감이 느껴져 눈물이 왈칵 났다.

명상 시간에 선생님은 위빠사나 자세-가부좌, 반가부좌, 평좌 가운데 자신이 선호하는 자세-를 취하게 했다. 그 상태에서 호흡을 알아차리게 했으며 몸은 움직이지 않도록 강조했다.

나는 좌선 자세가 늘 불편하고 아파서 다리를 자주 바꾸었는데, 이번에도 몸을 움직이지 못하도록 하니 종아리가 아파왔다. 그러자 마인드는 자기 마음대로 다리를 바꾸고 싶어 했고, 마음대로 안 되면 짜증과 화를 내며 어찌하든지 자기 맘대로 하려는 의도가 보였다. 잠시라도 고통을 싫어하면서 참을 줄 모르고 편해지려고만 했다. 계속 참으며 관찰하니, 그동안 대인관계에서 내 마음대로 결정한 일들이 떠올랐다. 고통받기 싫어서 고통으로부터 회피했는데, 그것 때문에 고통받았던 내 자신이 보였다.

처음엔 다리가 아파서 눈물이 났지만, 점차 내 마음대로 못해서 짜증이 나면서 눈물이 났고, 그러다가 문득 아버지가 떠올랐다. 아버지의 그늘이 편안하고 행복하다는 것을 망각한 채, 공부에 집중하기 위해 읍에서 자취하던 친구들과 비교하면서 선택한, 그래서 이후에 벌어진 내 삶의 몇몇 사건들이 떠올랐다. 친구들과 비교하는 과정에서 나는 속으로 가난한 아버지를 원망하면서 내 마음대로 결정해 버렸다. 내 문제는 바로 내 마음(마인드)대로 하려는 욕구와 욕망이었다. 이 욕구와 욕망이 화근이라는 사실을 깨달았다. 나는 나에게 져 준 아버지의 사랑을 새삼스럽게 느끼면서 엄청 큰 소리로 울어댔다, 아버지께 죄송해서 울고, 참회하며 꺼이꺼이 소리높여 마음껏 울었다.

나는 아카데미에서 명상을 할 수 있게 된 것에 대해 부처님과 보살님 그리고 신장님들께 감사했다. 우주지성인 아미타불을 초청했을 때 따뜻한 햇살이 쏟아지는 에너지를 느꼈다. 이때 '부처님의 가르침을 전하고, 사람들의 상처를 치유하며, 나도 이롭고 남도 이로운, 나도 성장하고 타인들도 성장할 수 있도록 하겠다. 그리고 정직하겠다.'라는 마음이 일어났다. 그동안 정직하지 못했던 나를 보았고, 정직하지 않음으로 인해 생긴 두려움이 부富에 대한 의식을 막는 큰 장애라는 것도 알게 되었다.

불사佛事

자신의 삶에서 우연이나 기적이 언제 있었는지 명상하는 시간이었다. 2016년 어느 날, 나는 통장의 돈을 쓰고 싶었다. 나름 명리학에 밝은 한 스님이 말하기를, 내 사주는 '돈이 모이면 병이 난다'고 풀이했었다. 그러니 돈을 쓰라는 것이다. 그 말에 영향을 받아서인지 아프게 살고 싶지는 않아서 약간의 돈이 모이면 써야 한다고 생각했다. 계획대로라면 조금 더 넓은 공간으로 이사하는 데 그 돈을 써야 했다. 그러던 중 2016년 12월에 그녀를 만나 2017년 1월에 인도 오앤오 아카데미로 온 것이다. 이 과정이 신기했고 불사(佛事, 붓다의 일) 같다는 생각이 들었다.

나는 절을 크게 짓는 것만이 불사가 아니라, 공부를 해서 불법佛法을 전하는 일이 불사라고 믿고, 평소에 '부처님이 알아서 하세요!'라고 말해 왔다. 그런데 정말 부처님이 알아서 이곳으로 보낸 것만 같아서 눈물이 났다. 슬픈 것도, 힘든 것도, 기쁜 것도 아닌데 그냥 눈물이 났다.

응답하라 우주지성!

우주지성에 대한 자기 개념과 조건화(틀)를 보는 명상 시간이었다. 선생님은 자신의 우주지성에게 하고 있는 내면의 말을 써 보라고 했다. 내 생각은 이러했다.

'아미타부처님은 서방정토에 멀리 계시는 분. 석가모니 부처님은 죽은 사람. 나와는 관계가 먼~. 내가 가 닿을 수 없는 분. 아미타부처님은 추상적인. 불렀을 때 가슴에서 응답했으나 의심하는. 이번 생에는 부처가 될 수 없을 거야. 나는 복과 덕이 없으니까. 나는 참선을 안 해서 깨달을 수 없을 거야.…'

그래서

'부처님을 그냥 형상(相, 모양)이라 생각하고 내 마음대로 편하게, 예의 없이, 가식적이고 형식적으로 기도하고, 속으로는 부처님을 안 믿는' 행동을 했다.

내면의 진실을 보고 깜짝 놀랐다. 나는 평상시 나도 모르게 부정적인 생각과 신념 속에 갇혀 있었던 것이다. 내가 우주지성에 대해 이렇듯 의심하고 멀게만 느끼고 있으니, 우주지성도 똑같은 방식으로 응답했던 것이다. 그동안 부처님 앞에서 내가 얼마나 거만하게 생각하고 행동해 왔는지를 보면서 참회하고 울면서 용서를 구했다. 그럼에도 부처님이 나를 떠나지 않아서 감사했다. 선생님은 (의식하지 못했으나 있었던) 각자의 우주지성 체험을 써보도록 했는데, 나의 경험은 이러했다.

20대 초반에 『아함경』을 읽을 때 목구멍에서 향기가 났다. 그때 부처님이 마치 내 어깨 위에 앉아 있다가 질문을 하면 곧바로 대답해 주실 것만 같았다. 수불 스님 간화선 체험 때 가슴에서 감지되었던 부드럽고 조용한 어떤 느낌이나, 아미타불을 불렀을 때 가슴에서 있었던 응답, 이 모두가 우주지성, 즉 아미타불의 체험이었다는 것을 알았다.

그런데 위에서 나열한 것처럼 부처님에 대한 부정적인 개념과 틀은 나와 부처님(불성)이 하나라는 것을 방해했고, 부처님과의 연결을 가로막고 있었다. 이 사실을 알게 되었을 때 너무나 기뻤다. 왜냐하면 부정적인 신념, 생각, 감정은 제거하면 되는 거니까.

명상하는 과정 내내 누워 있을 때나 앉아 있을 때나, 온몸이 전기로 감전된 것처럼 찌릿찌릿했고, 내 몸이 내 몸 같지 않았다. 특히 양손에는 저릿저릿한 전류가 가득차 있는 감각이었다. 이 느낌은 일어나서 몸을 움직이는 동안에도 지속되었다. 무엇을 느끼더라도 경험하라고 한 말이 생각나서 한동안 전류를 느꼈다.

누워서 호흡을 할 때에, 부모님의 온전한 사랑과 첫사랑의 느낌도 재생되었다. 나는 명상 상태에서 첫사랑과 만나 포옹하며 '사랑한다'고, '용서한다'고, '용서해 달라'고 고백했다. 상처가 진정으로 치유되는 느낌이었다.

내 안에 우주가 있었네~~!

건강 코스로 알려진 특별한 명상이 있는 날이었다. 나는 어릴 때 가슴 부위에 수술을 한 적이 있고, 그 흉이 아직 남아 있다. 집단미술치료 프로그램에 참여했을 때, 지도자가 내 그림을 보고 단번에 가슴의 흉을 알아 맞춰 놀란 적이 있었다. 부모님이 "가슴에 흉이 있어서 시집이나 갈 수 있겠냐!"며 염려하던 기억이 있다. 건강에 관심이 많았던 나는 이것과 관련된 무의식적인 주제가 무엇인지 호기심으로 이 과정에 참여했다.

선생님은 건강에 대한 여러 가지 주제-내면의 진실성, 의욕(열정), 의도, 용서, 무감각, 중요성에 대한 갈망, 승복, 감사함, 좋은 카르마의 결핍, 몸에 대한 존경, 심리적인 문제-에 대해 설명하며 지혜를 나눠주었다.

선생님은 "몸은 자기 것이 아닙니다."라고 말했다. 여기 오기 전에는 어머니의 것(몸)이었고, 지금 자기 몸이라고 여기지만 사실은 그렇지 않다는 것이다. 자기 몸을 스스로 창조하거나 조정하거나 통제하지 못한다는 점에서. "고대인은 몸을 템플(사원)로 보았습니다." 세상에나! '그럼, 불사佛事란 자신의 몸을 사원처럼 잘 돌보고 가꾸라는 말과 통하겠네!'

건강에 대한 몇 가지 주제에 대해 명상하는 동안, 나는 아무 경험도 일어나지 않자 살짝 돈이 아까웠다. 거의 마지막 단계에서 빛의 부처님을 각자의 가슴에 초대하는 과정이 있었는데, 그때 마음을 보았다. 무지무지 넓은 공간이 보였다. 그것은 아주 넓은 공간이라서 우주라고밖에 표현할 길이 없었다. 그것을 확인하는 순간 눈물이 와락 났다. 그 공간은 내가 어린 시절 눈을 감으면 가끔 보였던 모습이었기 때문이다. '왜 눈을 감으면 보이지!' 그때는 어리고 아는 것이 없어서, 그것에 대해 무어라고 이해할 수도 명명할 줄도 몰랐다. 그런데 맙소사....!!! 내 마음 안에 우주만큼 넓은 공간이 있다는 것을 다시 확인하는 순간이었다. 기뻐서 울고, 반가워서 울고, 감사해서 울고, 예전 스님들의 말씀이 하나도 틀리지 않았다는 것을 확인하고 울었다.

우주를 포함하고도 남음이 있는 공간이 마음 안에 있다고 했는데, 바로 이런 것을 두고 하는 말이었을까! 정말 감동적인 순간이었다. 어릴 때 보았던 공간은 분명히 내 마음 안에 있었고 이전에도 여러 번 보았던 장면이었다.

사바사나−완전히 이완한 상태로 하늘을 보고 눕는 시체 자세−를 취하고도 내내 울었다. 감사의 마음을 표현하려고 앉아서 삼배三拜를 드리는데, 눈을 감고 있어도 눈앞이 환하게 빛으로 가득

찼다. 내가 잘못 봤다고 여길 만큼 환한 빛이었다. "빛의 부처님이시여, 감사합니다." 부처님, 보살님, 신장님, 조상님들, 부모님, 친구들, 가족들, 스승들, 도반들, 슈리 암마 바가반, 선생(교수)님들, 친구와 동료들, 동식물들, 모든 존재 그리고 나 자신에게도 감사했다.

나는 단지 나 혼자만의 내가 아니었다. 빛의 부처님과 함께 머무는 법당이자 몸이라는 것을 깨달았다. 나를 통해서 불사佛事를 하는 것이기에 '나는 기꺼이 노력하고 헌신하겠다'라고 다짐했다.

나는 내 삶이 기적 같아서, 평소에 "내가 박사과정에 입학하고 논문을 쓰고 졸업한 것, 대학에서 강의하며 상담심리사 1급에 합격한 것, 그리고 이곳에 오기까지 모든 것은 내가 한 것이 아니라 부처님의 일(불사)이다."라며 입버릇처럼 말해 왔다. 이 것이 사실인 것 같아서 감동이었다.

거짓말

매 수업은 전날의 명상에서 경험한 지적, 정서적, 영적 통찰 내용에 대한 나눔(경험 이야기)으로 시작했다. 나는 내 삶의 기적 경험을 나누는 중이었는데, 마치 습관처럼 어느 부분에서 진실을 말하지 않는 것을 알아챘다. 아주 짧은 순간이었다. 진실을 말할 수 있었는데도 거짓을 말했고, 수정할 수 있는 틈이 있었는데도 알아차렸지만 그대로 넘어갔다.

자리에 앉자마자 후회하며 어떤 마음인지 살펴보았다. 나는 잘나고 싶은 마음과 인정받고 싶은 욕구가 강했다. 잘나지 못하고 인정받지 못하면 버림받을 수도 있다는 강한 두려움이 있었다. 나의 카르마(업)를 보았다. 너무 부끄럽고 수치스러워 다음 수업에 집중할 수가 없었는데도 말하지 못했다. 나는 거짓말쟁이였다. 스스로 거짓말을 하면서, 다른 사람이 거짓말하는 것을 어떻게 비난했을까? 부끄러움과 미안함이 밀려왔다.

음란하면서 참선하는 것은 모래를 삶아 밥을 지으려는 것과 같고, 살생하면서 참선하는 것은 귀를 막고 소리를 지르는 것과 같으며, 도둑질하면서 참선하는 것은 새는 그릇에 물 가득하기를 구하는 것과 같고, 거짓말하면서 참선하는 것은 똥으로써 향을 만들려는 것과 같음이라. 이런 것들은 비록 많은 지혜가 있더라도 다 마구니魔仇尼의 도道를 이룸이니라.
　_『수심정로』

이어진 수업에서 하나의 영상이 잠시 스쳤다. 크고 작은 물집이 얼굴과 피부에 엄청 많이 부풀어 있는 모습이었다. 어떤 이유에서인지 피부와 관련된 카르마가 있을 것이라고 추측했다.

이 소감을 메모했을 당시(2017년 1월 21일)에는 연관성을 몰

해변 캠퍼스의 불상

랐지만, 조금 시간이 흘러(2019년 10월) 짐작할 수 있었다. 내가
아주 어릴 때 가슴 부위에 난 물혹 여러 개를 수술받은 적이 있
었는데, 그 모습을 본 것 같았다.

아카데미의 몇몇 캠퍼스엔 불상佛像이 모셔져 있다. Buddha
Park라 부르는 부처님 동산에는 잔디가 폭신폭신해서 마치 두
꺼운 방석 같았다. 불상 앞에 앉으니 마치 어린아이처럼 칭얼거
리고 싶어서 누워 버렸다. 그렇게 한참 동안 누워 있으니 눈물
이 흐르면서, 내 삶에서 일어난 기적 같은 일들이 떠올랐다.

최상의 친구

나의 최상의 친구인 아미타불이 언제부터 내 곁에 있었는지 명상하는 시간이었다. 초등학생 때였던 것 같다. 어떤 이유에서였는지 나는 밭에서 해가 지고 어두울 때 혼자 집에 오게 되었다. 달도 없어서 아주 깜깜했고 무서웠다. 잔뜩 긴장하고 집으로 가는데, 때마침 산비둘기 한 마리가 나타나 몇 걸음 앞에 앉았다. 내가 가까이 다가가면 날아서 그만큼 앞장서 앉고, 다가가면 날아서 그만큼 앞장서 앉기를 반복하면서 수백 미터나 나를 인도했다. 마을이 희미하게 보이는 곳까지 왔을 때, 비둘기는 어디론가 날아가 버렸다. 지금 생각하면, 최상의 친구인 아미타불이 그때는 산비둘기의 모습을 하고 나타났던 것 같다. 불성(아미타불, 영성, 우주지성)은 꼭 사람이나 부처님의 모습만으로만 나타나는 것은 아닌 것 같다. 문득 『묘법연화경』의 관세음보살이 떠올랐다. 관세음보살은 대상에 따라 다양한 몸으로 나타나서 설법하고 그의 두려움을 없애준다.

계속 명상을 했다. 내가 어렸을 때 어느 날, 어머니는 해가 지도록 일을 하고 깜깜한 밤에 집에 오다가, 3~4미터 높이의 논두렁에 떨어졌던 사건이 떠올랐다. 놀라고 가슴이 죄어오는 듯 아파서 눈물이 났다. 얼마나 무섭고 힘들었을지 생각하니 뜨거운 눈물이 흘러내렸다. 불보살님의 가피었는지, 어머니는 다행히 다치지는 않았다. 그녀가 살아서 우리 가족을 책임져 준 것에 한없이 감사했다. "어머니, 감사합니다."

귀찮을까 봐서요

그날은 문득 '귀찮음'이 떠올랐다. 나는 수업에서 들었던 물라다라차크라(Muladhara Chakra 뿌리차크라)가 궁금했다. 다른 사람들은 아는데 나만 모르는 것처럼 보였다. 방 짝꿍(룸메이트)에게 물어봐도 됐는데, 묻지 않고 부지런히 인터넷을 검색했다. 인도의 와이파이 사정이 좋지 않았는데도 계속 시도했다.

사실, 짝꿍이 "저에게 물어보지요."라고 말할 때까지 물어볼 생각조차 하지 못했다. 그때 내 입에서 나온 첫마디는 "귀찮을까 봐서요."였다. 나도 모르게 그 말이 불쑥 튀어나왔던 것이다.

나는 누군가가 나를 귀찮게 할 때 화가 났었다. ○○ 스님이 차 시간표를 물었을 때도, 지나치게 의존한다 싶을 때도 귀찮아서 화가 났다. 겉으로 말을 하지는 않았지만, 속으로는 그랬다. 나는 상대가 귀찮아할까 봐서 웬만한 것은 다른 사람에게 묻지 않는다. 반대로 내가 약간의 시간과 공을 들이면 상대방을 도울 수 있었지만 나는 짜증이 났다. 그럴 때마다 '왜 난 자비롭지 못할까!', '왜 난 친절하지 못할까!'라며 스스로 질책하기 일쑤였다.

다른 사람에게 내가 귀찮은 존재가 될까 봐 두려워서 나는 그런 존재가 되지 않으려고 애쓰는 한편, 누군가가 나를 귀찮게 하면 짜증과 화가 났다. 귀찮은 것을 무척 싫어하는 내 모습을 보면서, 문득 내가 어머니에게 귀찮은 존재였을지 모르겠다는 추측이 일어났다. 7남매의 막내딸이었으니. 어머니는 농사일이 많았고, 아버지 병수발(병시중)에, 일곱 자식 키우기에, 가사 일에, 제사와 묘사에 힘들고 지쳤을 테니까. '엄마가 힘들어서 나를 귀찮게 여겼을까?', '나는 귀찮은 존재가 되고 싶지 않은데.' 이런 생각에 미치자 부모와 어린 나의 입장이 모두 이해되었다.

이 통찰 이후, 나는 다른 사람과 대화에서 언제, 어떤 상황에서, 얼마나 이 말(귀찮을까 봐서요!)을 사용하는지 알아차리려고 주의를 두었더니, 나도 모르는 사이에 습관처럼 이 말을 사용하고 있었다. 요즘은 이 말을 하려는 순간 알아차리고 의도적으로 다른 표현을 한다. 알아차림이 있은 후부터 나는 그들의 작은 부탁을 받을 때, 짜증과 화 대신에 편안하게 응대할 수 있게 되었다.

파두카 경험

인도의 전통문화 두 가지를 경험하는 날이었다. 하나는 내가 성장하기 위해 어떤 노력을 해야 하는지 명상가-아카데미에서는 being(존재)이라고 부름-에게 조언을 듣는 시간이었다. 흰색 가림막(천)으로 둘러싸여 명상가를 직접 볼 수는 없지만, 자리에 앉아 잠시 기다리면 우리에게 무엇이 필요한지, 어떻게 수행해

야 하는지 명상가가 알려 주었다. 명상가는 나에게 "좀 더 집중하세요. 포커스를 맞추세요. 애매하게 하지 말고요."라고 조언해 주었다.

다른 하나는 파두카 체험이었다. 신성의 발로 알려진 파두카-손가락을 끼울 수 있는 돌기 하나가 솟아 있는 발바닥 모양의 나무토막- 위에 눈을 감은 채 양손을 얹고, '내가 원하는 것이 이뤄지면 나는 이렇게 하겠습니다'라는 식으로 기도를 한다. 나에게도 타인에게도 유익한 기도를 하면 신발에서 응답이 있다는 원리이다.

테이블 위엔 파두카가 놓여 있었다. 차례가 되면 안내를 받아 무릎을 꿇고 앉은 다음, 테이블에 놓인 파두카 위로 두 손을 얹고 기도를 하면 되었다. 기도가 이뤄진다는 응답은 파두카가 자신의 가슴 쪽으로 움직이거나, 진동이 있다고 했다.

나는 신발 위에 손을 얹고 기도를 했다. 처음에는 '심리치료센터를 만들어 주세요.', 내가 '친절하고 부드럽게 대할게요.'라며 속삭였는데 꿈쩍도 하지 않았다. 한참 지났는데도 움직임이 없어서 이것저것 생각했던 좋은 말들을 차례로 모두 다 속으로 기도했다. 그런데도 꼼짝도 하지 않았다.

기도가 잘못되었나? 이번에는 '좋은! 훌륭한 강사가 될게요!', '사람들이 명상 아카데미에 올 수 있도록 노력할게요.'라고 했는데도 꼼짝도 하지 않았다. '승려이니 불교를 가르치라는 건가?', '그럼 부처님의 가르침을 전하는 사람이 될게요.' 그래도 꼼짝도 하지 않았다. 다른 사람들에 비해 몇 배의 시간을 보낸 것 같았다. 나는 어찌할 바를 몰라 하며 기도문을 바꾸는 중간에 눈을 살짝 떠서 다른 사람을 힐끗 쳐다보았다. 우는 사람, 웃으며 자기 자리로 돌아가는 사람들이 보이자 당황스러웠다.

그러자 지도하던 선생님이 가까이 다가와 영어로 무슨 이야기를 했다. 알아들을 수 없었던 나는 창피함이 더해졌다. 150여 명 가운데 승려는 혼자였는데, 다른 일반인들보다 응답이 없다는 것에 부끄러웠다. 꼼짝도 않고 무릎을 꿇고 응답을 기다렸던 시간이 너무 길어졌다. 속상했지만 그만하고 일어서야 하는지 눈치를 봤다.

그래서 이번에는 '내가 어찌해야 할지 하나도 모르겠어요! 나보고 어찌하라는 건가요! 내가 할 수 있는 게 하나도 없어요!!'라며 하소연하듯이, 포기하듯이 매달렸다. 포기, 내려놓음, 항복의 느낌이랄까! 그랬더니 파두카가 '드르륵드르륵' 하고 약하게 진동했다. 순간적으로 깜짝 놀라며, 응답에 감격해서 눈물이 찔끔 났다. 신기했다.

그런데 그 순간이 지나자 곧바로 '이건 내 신호가 아닐 거야! 옆 사람의 진동이 나에게 전해진 건 아닐까!'라는 의심이 들었다. 나는 그 느낌을 충분히 음미하지 못하고, 시간이 너무 지체되어 손을 뗐고, 다시 파두카에 손을 얹었을 땐 진동이 없었다. 내면의 불신과 눈치의 뿌리를 다시 한 번 확인한 순간이었다. 나의 불신不信은 '아~! 내가 불신이 있구나!'라는 식의 자각만으로 해결되는 수준이 아니었다. 불신의 뿌리는 더 깊숙이 자리하고 있었다.

나는 이때까지만 해도 우주지성, 아미타불에 대해 신뢰보다는 불신에 더 가까이 있었다. 뭐든 '내'가 한다고 여겼지, '불성'이 한다는 생각을 하지 않았다. 그런데 파두카 체험은 이런 불신을 꿰뚫고 있는 듯했다. '나(ego)는 없다!', '내(I)가 하는 것이 아니다!'

저녁에 선생님과 미팅하면서 이 체험에 대해 질문했더니, 선생님은 진동도 '예스'라는 응답이라고 했다. '내가 하는 일이 아무것도 없으니, 우주지성(불성)에 승복(항복)하라.'는 의미라고 해석해 주었다. 일행들도 그렇다고 거들어서, 신비 체험이 놀라울 따름이었다. 나는 내가 종교를 맹신하기보다는 과학을 더 신뢰한다고 알았는데, 나도 이런 체험을 좋아한다는 것을 인정하게 되었다.

앞에서 이야기한 것처럼, 나는 상담자로서 그리고 승려로서 성장을 위해 꿈분석을 받았다. 꿈 분석가는 나에게 심리치료사나 강사 둘 중 하나를 선택하라는 의미로 꿈을 해석했는데, 나는 이것을 수용하기 불편했다.

그래서 초점을 맞추라는 명상가의 조언과 '내가 할 수 있는 일이 없다'는 두 가지 경험이 혼란스러워, 어떻게 받아들여야 할지를 물었다. 선생님은 상담사와 강사 모두를 할 수 있다고 답했다. 마치 요리하는 화가처럼. 초점을 맞추라는 명상가의 말은 선택하라는 것이 아니라, 무엇을 하거나 완전히 집중하라는 의미라고 했다. 웃음이 나고 기분이 좋아졌다. 내가 원하는 답을 들어서인지 안심이 되었다. 나라는 에고가 하는 일이 아니라 여래의 일로, 불사로서 둘 다 하기를 원했다.

겸손함이 없었어요

겸손함이 없음으로 인해 내가 배우지 못하고 잃어버린 것이 무엇인지 명상하는 날이었다. 두 교수님이 떠올랐다. 나는 그들의 허물을 잡고 탓하며 비난한 적이 있었다. 내가 겸손함이 없었다는 것을 알지 못한 채, 상대방이 어떤 안목이 없었는지, 어떤 실수를 했는지만 탓했다. 그는 권위자로서 정당하지 않은 행동을 한 것처럼 보였다. 그래서 그들을 무시하고 비난하면서 존중하지 않았다.

"당신의 우주지성과 연결하지 못하게 하는 요인은 무엇인가요? 겸손함이 부족한 것입니다. 왜 겸손함이 부족한가요? 모든 것을 알고 있다고 생각하기 때문입니다. 자아(ego)는 이미 알고 있다고 생각합니다. 겸손함이 없다는 것을 보는 것이 변형으로 가는 첫 발걸음입니다. 그러면 겸손함을 갖게 됩니다."

나는 나-중심적이었고, 겸손함이 없는 상태였다. 두 분의 교수님을 떠올리면서 지난날의 과오를 생각하며 뉘우쳤다. 휴지를 미리 준비했어야 했다. 내가 더 겸손했더라면 하는 아쉬움이 밀려왔다. 왜 깨달음은 항상 뒤늦게 찾아오는 걸까!

왜 또 인도에 가나!

나에게도 타인에게도 이로운 의도를 명료하게 세우면, 기적 같은 일이 일어날 수 있을까? 나는 2018년 한 해 동안 아카데미에 세 번은 가고 싶다는 의도를 세웠다. 아카데미를 방문한다는 것은 시간과 재원이 뒤따라야 가능한 일이다. 나는 몇 가지 해결하고 싶은 것이 있었다. 가로막힌 듯한 대인관계의 회복, 불교상담학과에서 강사로 자리 잡기, 심리상담 명상센터 운영하기, 명상 트레이너가 되는 것이었다.

2018년 연말에 가서 보니, 나는 아카데미에 네 번을 다녀왔다. 내가 기대했던 모습으로 대인관계가 회복된 것은 아니었으나 결과적으로 그 고통에서 벗어나 평정심을 찾았고, 그곳에 더 자주 갈 수 있었다는 것이 기적처럼 보였다.

그날은 '내가 어떤 정신적인 그리고 감정적인 조건화에 걸려 있나!'를 명상하는 시간이었다. 의식에 있는 조건화는 이러했다. '돈과 건강은 양립할 수 없다.', '스님은 사랑하면 안 된다.', '불상을 모셔야 돈이 모인다.', '교수가 되기에는 줄도 없고, 돈도 없고, 빽도 없다.'

돈과 건강은 양립할 수 없다는 조건화 상태에서는, 돈이 있으면 건강이 나빠질 테고, 건강하면 돈이 없어질 것이다. 스님은 사랑하면 안 된다는 조건화에 묶여 있다면, 스님이기 때문에 사랑을 느껴서도 안 될 것이다. 사랑을 느낄 수 없는 사람이 어떻게 자신과 타인을 사랑할 수 있을까? 어떻게 자비심이 일어날 수 있을까?

이런 조건화가 나도 모르게 내 의식을 가로막고 있었다. 이것은 햇빛을 보고자 하지만 구름에 가로막혀 있는 것과 같았다. 해를 보려면 구름을 제거해야 한다는 것을 알았다. 업(카르마), 조건화(틀), 누적된 감정의 덩어리, 미해결과제, 그림자, 콤플렉스 등 다양한 이름으로 불리는 구름을 제거해야 해가 드러날 수 있으니까.

하마터면 말할 뻔했다!

2018년 2월, JIA(Journey into Abundance, 풍요로의 여행) 코스에 참석할 때였다. 한국인 일행 모두 큰 방에서 같이 잠을 잤다. 어느 날 밤, 한 사람이 잠을 자면서 "음~~", "아아!", "어이~!!'라며 짜증 섞인 신음을 계속 냈다. 그날 밤에 잠을 이룰 수가 없었다. 어쩐 일인지 유난히 그 소리가 듣기 싫었고, 짜증과 화가 나서 하마터면 "그만 중얼거리세요!"라고 말할 뻔했다. 처음에는 그 신음이 왜 그렇게 불편했는지 이유를 알 수 없었다. 새벽까지 잠을 설치다가 아침 일찍 일어나 '이 불편함의 정체가 뭐지!' 하며 명상에 들어갔다. 하지만 알지 못했다. 그것과 관련된 내 삶의 흔적이 쉽사리 떠오르지 않았다.

오전 명상 수업이 시작되었고, 다시 그 불편함 속으로 들어가는 명상을 시작했다. 불편함과 접촉을 시도하자, 내면에서 과거로 옮겨갔다. 내가 아주 어렸을 때부터 아버지는 아팠고, 그래서 앓는 소리를 자주 냈다는 사실이 떠올랐다. 아버지의 신음이 들리는 듯했다. 아픈 아버지에게 아무런 불평과 불만을 말할 수 없었고, 아버지를 위해 무엇을 어떻게 할지 몰랐다. 하지만 내면에는 짜증과 화가 있었던 것일까! "아빠 때문에 엄마가 저렇게 힘들잖아요!" 이런 말이 하고 싶었던 걸까? 어릴 때도 아픈 아버지의 고통을 이해하는 쪽보다 나에게만 집중한 걸까!

명상 속에서 어린 나의 불평, 불만, 짜증, 화와 접촉하고 한참 머물자 마음이 고요해졌다. 그러자 앓는 소리를 냈던 그분에 대한 불편함과 화도 사라졌다. 삶에서 어려운 도전은 밖에서 오지만, 불편함의 원인은 자기 마음 안에 있다는 사실을 다시 확인하는 순간이었다.

대상과의 어떤 조건으로 인해 내 마음이 불편하다면, 그것은 내 마음 안에서 일어나는 현상이니, 내면을 봐야 원인을 알 수 있는 것 같다. 그녀는 다만 내가 내 내면의 상처를 볼 수 있도록 거울처럼 비춰 주었을 뿐이었다. 우리는 이렇게 연결되어 있나 보다. 그날 밤, 신음 소리를 내지 말라고 말하지 않기를 잘한 것 같다.

아난다 만달라

에캄(Ekam, 산스크리트어로 하나, 단일, 합일을 의미. 아카데미 중심에 해당하는 건축물의 이름. 과거엔 oneness temple로 부름)에서 명상 참여자들 다 같이 둥글게 앉아 서로 손을 잡고 아난다 만달라(Ananda Mandala 지복, 환희의 원) 명상을 했다. 배를 강하게 수축시키며 숨을 강하게 내보내는 불의 호흡, 어두운 실내조명, 적절한 음악은 우리를 하나로 연결시켰다.

온몸이 진동하며 흔들렸고 에너지가 충전된 느낌이었다. 정수리에서는 아미타불의 정토(淨土, pure land)인 듯 연꽃이 보였고, 세상 사람들에게 딕샤(deeksha, Oneness blessing, 하나의식 축복)를 나눠줄 준비가 된 듯이 양팔은 에너지로 가득찼다. 에너지나 기氣라고 할까! 몸의 세포 차원에서 일어나는 떨림이었고, 감은 눈에 보이는 이미지였다.

구걸하는 사랑

언제 화가 나는지 명상하는 시간이었다. 사람과의 관계가 어긋날 때, 관계에서 양육자 역할을 요구받을 때, 터무니없이 혹독하게 강의 평가를 받았을 때, 억울할 때, 무시당한다고 느꼈을 때가 떠올랐다.

연이어 두려움에 대해 숙고했다. '내가 언제 두려웠지?', '어린 시절 남자가 아니라는 이유로 부모님께 버림받을 뻔했을 때, 다리 밑에서 주워 왔노라며 친부모를 찾아가라고 아버지가 나를 추운 마루로 내몰았을 때, 초등학생 때 해운대 바닷가에서 아버지 손을 놓쳤다가 겨우 찾았을 때, 초등학생 때 대도시에 살던 큰언니 집에 놀러 갔다가 길을 잃고 겨우 찾아갔을 때' 등이 떠올랐다. 이 두려움들을 하나로 압축하면 '버림받을까 봐!'였고, 관계 문제였다. 이 카르마로부터 해방되고 싶었다. 그동안 고통스러웠기 때문에, 이제 이 굴레에서 벗어날 때도 되었다고 생각했다. 내가 원하는 것은 사랑이 충만한 안정감이었다.

관계에서 회복하고 싶은 욕구도, 강사로서 자리 잡고 싶은 것도, 심리상담센터를 운영하고 싶은 마음도, 명상 트레이너가 되고 싶은 이유도 모두 다 안정감을 확보하기 위함이라는 통찰이 생겼다. 내가 간절하게 바랐던 것은 바로 '안정감'이었다.

이어서 죄책감에 대해 명상하는 시간이 되었다. 다른 사람들에게 공개하기 부끄러운 일이 떠올랐다. 친한 친구 몇 명에게만 말할 정도로 숨기고 싶은 이야기였다. 출가 전후에 참회 기도를 여러 차례 했으나, 가끔 생각났다. 특히 죄책감에 대해 숙고할 때마다 여전히 힘들었다. 실수했던 내 자신이 한심스럽고 수치스러워서 이 상태에서 벗어나고 싶었다.

두려움에 떨며 죄책감을 느끼는 나를 진심 어린 마음으로 사랑하지 못했다는 것을 알았다. 내가 나를 사랑하지도, 인정하지도 못하면서, 다른 사람에게 사랑해 달라고, 인정해 달라고 매달린 꼴이었다. 나는 상대에게 요구적이었다. 사랑이나 인정 측면에서 구걸하고 있는, 이것이 내 내면의 진실이었다. 나는 한 번도 이런 생각을 해본 적이 없었는데, 나는 심리적으로 결핍된 사람이었다.

사랑이 있으면 문제가 없을 거예요

2018년 2월, 나는 모든 내담자에게 여행 계획을 설명하고, 상담 날짜를 조정했다고 생각했는데, 단 두 사람은 예외였다. 나는 나도 모르게 그들이 헛걸음을 치도록 만들었다. 인도에서 그들의 문자를 받고 그 사실을 비로소 알았다. '이를 어쩌나!' 미안해도 어찌할 수 없었다.

두 사람은 내가 상담보시금을 정상적으로 받지 않은 사람들이었다. 한 사람은 대학원생이었기 때문에 상담보시금을 50% 할인해줬고, 다른 분은 사회적 약자인데다 무직 상태라 무료로 상담을 했었다. 그런데 상담을 진행하다가 두 사람 다 그렇게까지 할인해 줄 형편은 아니라는 사실을 뒤늦게 알았다. 내 오지랖이 넓었던 걸까!

나는 재정적으로 힘들게 교육과 수련을 마쳤고, 교육분석을 받을 때 높은 상담비용 때문에 1회기만 받고 그만뒀던 적도 있었다. 그래서 나는 내가 겪은 고통을 내담자들이 겪지 않기를 바랐다. 그들의 재정 상태를 알고 난 이후, 나는 상담보시금을 정상적으로 올려 받고 싶은 마음과 그렇게 못하는 마음 사이에서 갈등이 있었다. 오랫동안 보시금에 대해서 말하지 못하고 있다가, 인도에 갈 거라는 말을 하지 않는 우회적인 방식으로 내 불편함을 표현한 것 같다. 미안하다고 사과했으나 오랫동안 미해결과제처럼 마음에 남아 있었다.

이런 일은 상담학 교과서에서나 등장할 사건이라고 생각했다. 수퍼비전을 받았더라면, 내담자에게 상담보시금에 대해서 솔직하게 이야기하고 조정해 보라는 조언을 들었을 것 같다.

나는 이 문제를 FOA(Field of Abundanance, 풍요의 장) 코스 동안 선생님에게 질문했다. 명상지도자는 이것에 대해 어떻게 바라볼지 궁금했다. 선생님은 내 이야기를 듣고 "사랑이 있으면 문제가 없을 거예요."라고 대답했다. 이 말을 듣는데 그냥 눈물이 흘러 내렸다.

내가 상담보시금을 낮춰 받거나 무료로 상담을 진행한 것은, 그들에 대한 연민심에서 시작했다. 그런데 그들에 대한 사랑 없음, 미움이 들켜서일까! 나는 내가 내담자를 만날 때 '사랑'이라는 단어를 한 번도 생각하지 못했다는 점에 놀랐다. 이때까지 나는 상담하면서 가능하면 중립적인 자세를 유지하려고 애썼던 것 같다. 그런데 내담자에 대해 연민의 마음, (성적인 사랑이 아닌) 사랑의 마음을 가지면 어때랴! 이후부터 나는 내담자의 고통뿐 아니라 그의 내면의 사랑(자비심, 연민심)도 알아차리면서, 자비심(사랑)을 담아 깨어 있는 상태에서 내담자들을 만나게 되었다.

아빠는 17년간 아프셨어요!
한국에서 FOA 코스가 열렸을 때, 나는 코스에 참여하자마자 내가 안전과 안정을 바란다는 것을 명료하게 인식했다. 내가 되고자 하는 모든 일은 내면의 상처받은 아이가 안전과 안정을 확보하기 위함이라는 것을 확인했다.

아버지는 아팠고, 어머니는 늘 바빠서, 우리 형제들은 부모님의 따뜻하고 안정적인 돌봄을 받지 못하고 성장했다. 부모님의 삶은 전쟁이나 다름없을 만큼 고달팠다.

　코스가 시작되자 느닷없이 아버지가 떠올랐다. 나는 아버지의 고통과 고생에 대해 얼마나 알고 있나! 누가 "아버지는 어떤 분이냐?"고 물으면, 나는 "아빠는 17년간 아프셨어요!"라고 대답해왔다. 나는 그의 삶을 제대로 알지 못했다. 아버지는 1927년생이니까, 우리나라에 주권이 없던 식민지 백성이었다. 망해버린 양반가의 장손이며, 쌍둥이 중 살아남은 약한 아이였다. 아버지의 나이를 역추산하니 40대 중반부터 병마와 싸웠다. 지금의 나보다 젊은 나이였다. 이런 생각이 들자 눈물이 흘러내렸다. 부모는 자식을 위해 묵묵히 수십 년을 희생하는데, 자식은 부모의 고통에 대해 알려고 하지 않거니와 잘 모르는 것 같다.

　나는 명상 상태에서 부모님을 만나 그들의 상처와 고통을 느꼈고, 더불어 그들에게 받은 사랑도 느꼈다. 아버지에게 받은 사랑은 우주를 덮고도 남을 정도라서, 나는 온 마음을 다해 돌아가신 아버지를 부르며 울부짖었다. 200여 명이 넘는 참여자들도 너나 할 것 없이 여기저기서 울부짖었다. '세상에! 어떻게 이걸 까마득히 잊고 살았을까! 아빠~~!!! 감사합니다!'

　행복한 어른이 되기 위해서는 상처받은 내면의 아이와 만나야 했다. 고통스러운 상황은 끝났지만, 상처는 아이의 무의식에 남아 있다가, 삶에서 인연이 닿을 때마다, 그때의 감정으로 되돌아갔다. 마치 프로그램처럼 감정이 부활했다.

아버지께…

2018년 4월, 명상에서 아버지를 만나고 그달에 있는 아버지 제 삿날에 쓴 편지다.

오늘은 아버지가 돌아가신 지 27년 되는 해예요.

아버지는 저를 '모야'로 불렀지요. 지금은 출가해서 스님이 되었어요. 살아계셨더라면 출가를 못하게 말리셨겠지만요. -웃음-

이번 제사에, 이 내용은 말씀드리고 싶었어요. 제가 제사에 참석하지 못해서 미안해요. 하지만 다른 사랑하는 자녀들이 참석하고 있어요. 지난주 금요일 13일에 명상 속에서 아버지를 만났어요. 아실 테지만…

이 날은 내면의 상처받은 아이에 대해 명상을 했어요. 제 내면에는 상처받은 아이가 있었어요, 상처받은 아이가 제 삶에 어떻게 영향을 미쳤는지 말씀드릴게요.

7남매의 막내딸인 저는 집안에서 '꼭 있어야 하는 존재'가 아니었어요. '있어도 되고 없어도 되는, 그런 존재'였지요.

그래서 제가 10개월 정도 된 갓난아이일 때, 어머니는 다른 사람에게 저를 보내려고 했지요. 자식이 없는, 잘 사는 집에요.

부모님이 그렇게 결정한 것은 가난한 우리 집에서 사는 것보다는 먹는 것이나, 입는 것이나, 모든 면에서 나을 것이라고 여겼을 테지요. 학교 공부도 많이 시켜 줄 것이라고 생각했겠지요. 이해해요.

이때 3살 즈음이었던 언니가 아니었다면, 아마도 저는 다른 사람 집에서 자랐을 테지요? 엄마는 언니가 "동생 집에 데리고 가자."며 하도 울어서, 차마 못 주고 데리고 왔다고 말씀하시더라고요.

10개월 정도의 아이는 어머니와 애착 관계를 맺는 데 아주 중요한 시기였어요. 하지만 저는 어머니가 버리려고 한 일로 인해 분리 불안이 생겼어요. 애착을 형성해야 할 나이에 어머니와 분리가 될 때 경험하는 불안한 정서예요. 이 시기 유아에게 어머니의 존재는 세상의 전부에요.

더불어 어머니에 대해 믿을 수 없는 불신不信이 생겨났고요. 이 불신은 세상뿐 아니라 남자를 믿지 못하는 데까지 뻗어갔어요. 왜냐하면, 아픈 와중에도 아버지는 바람을 피웠고, 바람을 펴서 집에 안 들어왔을 때 어머니가 제 손을 잡고 장터에서 아버지를 찾았던 기억이 나거든요. 게다가 아버지는 걸핏하면 '다리 밑에서 주워 왔으니 부모님 찾아가라'며 저를 놀리는 재미를 보셨잖아요.

그래서 안전하게 돌봄 받지 못했다는 경험으로 인해 내면엔 화도 났었고, 안전하고 싶은 욕구가 커졌어요. 이 밖에 다른 경험으로 제 내면에는 안전하게 돌봄 받지 못한 것에 대한 분노, 불신, 불안, 두려움 등의 부정적인 감정이 자리를 잡았어요. 이런 부정적인 감정들은 큰 에너지이자 자양분이 되었어요. 그래서 제 삶의 여정은 힘들었어요. 여기까지는 제가 상담을 받고 다양한 수련을 하면서 알게 된 내면의 상처받은 아이에 대한 이야기예요.

이제부터는 지난 주(2018년 4월 13일) 금요일에 제가 새롭게 알게 된 이야기를 하려고 해요. 저는 명상 속에서 아버지의 고통과 어머니의 고통을 느끼고 한없이 울었어요. 어머니의 인생은 한마디로 고통과 희생의 삶이었어요. 어머니는 삶의 고통을 느끼면 살아가는 것이 너무나 힘들기 때문에 자신의 고통스런 감정을 억압하셨던 것 같아요. 그런데 고통을 억압하면 삶의 즐거움이나 기쁨마저 한꺼번에 억압되거든요. 그래서 어머니의 삶에는 즐거움이나 기쁨이 없어요. 심지어 웃을 때 생길 수 있는 주름조차 만들어지지 않았어요.

아버지는 제 나이보다 젊었을 때부터 간경화로 아프셨어요. 40대의 젊은 나이에 간이 굳어간다는 것은 스트레스를 심하게 받았다는 의미이고, 화가 많았다는 것이며, 몸에 필요한 영양분도 부족했을 것이라고 짐작이 되었어요. 심리적으로 육체적으로 고달픔과 힘겨움 속에서 살아내느라고 고생한 것이 느껴졌어요.

어린 저는 아버지의 고생을 조금이라도 풀어 주고 싶은 마음과 함께 버림받고 싶지 않아서 유난히 애교를 많이 부리고 어리광도 부렸던 것 같아요.

명상 속에서 제가 부모님의 고통과 접촉하고, 부모님이 이해되자 두 분이 밝게 웃으시더군요. 그리고 제가 받은 사랑이 어느 정도인지 가늠해보았어요.

그랬더니 우주를 덮고도 남을 정도의 사랑을 받았더라고요. 그래서 저는 제가 받은 사랑을 나누려고 해요. 아버지에게, 어머니에게 받은 사랑을 나눌게요. 그리고 어머니가 살아 계시는 동안 제가 받은 사랑을 드릴 거예요.

'한 집안에 스님이 출가하면 삼 대가 천상계에 난다'는 말의 의미를 알겠더라고요. 제가 받은 사랑을 많은 사람과 나누면, 조상님들은 자연스럽게 높은 의식의 차원으로 간다는 사실을 알 수 있었어요.

무한한 사랑을 주신 것에 대해 감사해요. 그리고 사랑합니다.

막내 모야가 올립니다.

지금 안 먹으면 자다가 배고플 거야!

명상 수업은 매일 저녁 8시~9시즘 마쳤는데, 그때서야 저녁을 먹게 된다. 모두 채식이기 때문에 크게 부담되지는 않았지만, 저녁을 먹기엔 늦은 시간이었다. 사실, 오후 2시즈음 점심을 먹으니, 그 시간이 되면 배가 고팠다. 어느 날, 저녁을 과하게 먹는 것을 알아차리고, 내면으로 들어가 보았다. '무엇 때문에 저녁을 과하게 먹지!' 그것은 '불안' 때문이었다. '지금 안 먹으면 자다가 배고플 거야!', '지금 먹지 않으면 내일 아침 배고플 거야!', '밥을 안 먹으면 기운이 없을 거야!' 등. 불안 때문에 저녁을 필요 이상으로 먹었던 것 같다.

이후부턴 어떻게 달라졌을까? 놀랄 만큼 식사량이 줄었는데도 살은 더 찌고 있다. 그렇다고 해서 생활하는 데 문제가 되지는 않는다. 나도 모르게 썼던 불필요한 에너지 소모가 준 것 같다고 할까!

서로 돌보라는 의미 아닐까?

2018년 11월 어느 날, 한 비구니스님이 내가 진행한 명상 프로그램에 참석하고 나서 편안해하고 만족스러워했다. 스님은 그동안 아카데미에서 사용하는 용어에 거부감이 있었는데, 그것을 내가 중화시켜 주었다며 좋아했다. 스님은 하룻밤을 함께 보내면서 대중탕에 가서 몸을 이완하자고 했다.

평소라면 대중탕에서도 혼자 삭발削髮*을 했을 텐데, '스님이

---

* 　고대 인도는 머리를 묶는 방식이 곧 신분 계급의 표지(標識)였다고 한

혼자 삭발하는 모습을 보면 사람들이 어떻게 생각할까!'라며 다른 사람들이 의식되었다. 그때 문득 과거의 한 장면이 떠올랐다.

학인 시절, 인현왕후가 머물렀다는 낡은 요사채에 세면장이 있었다. 방학이 되면 우리는 그곳에서 삭발을 했다. 그날도 삭발하는 날이었는데, 사제스님은 혼자 삭발을 잘했다. 혼자 삭발하는 것에 서툴렀던 나는 사제스님에게 "머리를 좀 깎아 주세요."라고 했는데, 스님은 "혼자 해도 돼요."라며 거절했다.

순간적으로 당황해서 말도 못했고, 서운하면서도 기분이 나빴다. 그때는 그 일이 왜 그렇게 서운했는지 몰랐다가 그날 대중당에서 문득 깨달았다. 내 무의식엔 '돌봄 받고 싶은 욕구'가 있었다는 것을. 나한테 삭발은 그냥 머리카락을 깎는 행위가 아니라 '돌봄'의 의미였던 것이다. 이 자각이 생기자마자 나는 스님에게 삭발해 주면서 온 정성을 다했다.

그리고 문득 이런 생각이 들었다. 부처님이 대중과 함께 살라고 한 이유는, 서로가 서로를 돌보라는 의미가 아니었을까! 나는 비로소 그때의 서운함에서 벗어난 듯했다. 그래서 사제스님

다. 인도는 요즘도 신분제인 카스트제도가 있다. 그런데 붓다는 일체의 태생적인 차별을 부정하고, 모든 사람은 행동으로만 판단해야지, 태생으로 판단해서는 안 된다고 보았다. 그래서 출가자는 남녀 모두 삭발을 통해 모두 평등하다는 것을 보였다.

의 안정과 안녕을 기원하는 긴 문자를 보냈다. 대중탕에 함께 가자고 말해 준, 지금은 임종하신 스님께 감사하다.

줘도 지랄이야~!

나-의식 상태에 있었을 때가 언제였는지 또는 언제인지를 숙고하는 명상 시간이었다. "줘도 지랄이야.", "귀찮쿠로~!", 그리고 '화'가 연결되었다. 어머니와 한 명의 내담자가 떠올랐다.

어머니는 농사일이나 아버지 병수발 외에도 가사 일, 아이들 돌보기, 짐승 돌보기, 다른 집 일, 품앗이, 채소 장사 등 무척이나 바빴다. 그런 어머니에게 어린 내가 젖을 달라고 보챘으니 얼마나 귀찮았을까! 어머니가 나에게 가졌던 마음과, 내가 내 내담자에게 가졌던 감정이 비슷할 것 같다는 생각이 들었다.

그는 상담 시간 내내, 내가 개입할 틈도 없을 만큼 자신의 이야기를 한없이 쏟아내며 울었고, 귀가해서는 장문의 문자를 남기곤 했다. 나는 일일이 읽고 답해야 하는 것이 부담되었고, 상담의 연장처럼 느껴져 귀찮았다. 상담 시간은 지나갔는데 계속 자신을 돌봐 주기를 바라는 것 같았고, 상담자가 주는 사랑이 부족했다며, 왜 '더 돌봐 주지 않냐!'고 보채는 어린아이 같았다. 나는 화가 났지만 말하지 않았다. 그런데 '줘도 지랄이야!'라는 내면의 불만이 있었던 것 같다.

이러한 내 내면의 진실을 목격하고서, 내담자에게 가졌던 화를 이해했다. 나는 명상 상태에서 '○○야, 내가 널 귀찮게 여겼던 건 사랑하지 않아서가 아니야. 나는 너 말고도 다른 내담자들이 있고, 또 내 할 일이 있단다. 너만 늘 생각할 수는 없어. 그렇다고 그게 사랑이 아닌 게 아니란다.'라며 그에게 말했다. 그와의 상담이 종결되기 전에, 이러한 통찰이 있었더라면 상담이 더 잘 마무리되었을 것 같다.

"난, 괜찮은 사람이야!"

명상 선생님은 내면의 고요한 상태로 옮겨가기 위해서는, 자신의 내면의 진실-자신이 인식하는 부분적인 자기 이미지 외, 무의식 중에 동일시했던 틀이나 패턴, 보고 싶지 않은 그림자, 부정적인 감정이나 신념들 등-에 대해 관찰해야 한다고 우리를 이끌었다. 나는 선생님의 안내에 따라 나-의식의 덫(자기 이미지) 두 가지를 볼 수 있었다. 하나는 '항상, 계속, 지속'으로 표현될 수 있고, 다른 하나는 '절대 아닌, 결코 아닌'으로 표현될 수 있었다.

나는 다른 사람을 항상 비판하고 평가하며, 내면에선 '난 괜찮은 사람이야!'라고 말했다. '왜?' '버림받고 싶지 않으니까, 인정받고 싶어서요.' 타인을 비판하지 않으면 내가 괜찮은 사람이 안 되는 것 같았고, 그렇게 되면 버림받을지 모른다고 생각했던 것 같다. 내면의 진실을 보면, 늘 '버림받을지도 모른다'는 프로그램(카르마)으로 종결되었다.

내가 부정하거나 소유하지 않으려는 것이 무엇인지 깊이 생각했다. 먼저, '이것은 내가 아니야!'라고 부정하는 것을 관찰했다. 처음에는 하나도 생각나지 않아서 없는 것 같았지만, 하나가 떠오르기 시작하자, 너무 많은 것들이 떠올라서 놀랄 지경이었다.

'난 나쁜 사람이 아니야.'

'난 어린애가 아니야.'

'난 무자비한 사람이 아니야.'

'난 문제 있는 사람이 아니야.'

'난 차가운 사람이 아니야.'

'난 구걸하는 사람이 아니야.'

'난 외로운 사람이 아니야.'

'난 잔인한 사람이 아니야.'

'난 그 정도의 취급을 받을 사람이 아니야.'

'난 나약한 사람이 아니야.'

나는 이것을 인정하면 (내 이미지, 에고가) 무너질까 봐, 정말 나쁜 사람, 차가운 사람, 구걸하는 사람, 외로운 사람, 잔인한 사람, 이 정도 취급을 받을 사람, 약한 사람이 될까 봐 두려웠던 것이다. 이것들은 깊은 무의식에 자리를 잡고 있어서 금방 떠오르지 않았을 뿐이지 없는 것이 아니었다. 나는 내가 외로운 이유가 절에 살지 않아서거나, 혼자 상담 공부를 해서라고만 생각했다.

그런데 내면의 진실은 내가 나-의식에 사로잡혀 있었기 때문에 다른 사람과 분리된 것이었다. 나는 '항상'이나 '절대 아닌'으로 표현될 수 있는 자기 이미지에 집착하면서, 그것을 유지하는데 많은 에너지를 낭비하고 있었던 것이다. 나도 모르게.

뭐~ 이런 아~가 다 있노~!

왜 감사함이 중요할까? 왜 사람들은 감사함을 모를까? "감사할 줄 모르면 내면에서 분리된 인간으로 살아갑니다." 선생님은 우리가 얼마나 감사함을 모르는지 명상하도록 이끌었다.

나는 명상하는 초반부터 졸음이 심하게 쏟아져 대충 참여했다가, 부모님, 형제자매, 도움을 주신 스님들, 교수님들이 떠올랐다. 그리고 보니 감사하지 않은 사람이 아무도 없다는 것을 알았다.

대충 명상을 마치고 축하하며 여기저기 명상 홀을 다녔다. 이때까지만 해도 잠에서 덜 깬 것처럼 멍~했다. 이때 보라색 옷을 입은 가슴이 풍만한 한 외국인 여성이 나를 안았다. 놀랍게도 그녀의 가슴에 접촉하자마자 안도감이 들었다. 그리고 그 순간 울음이 터졌다. 그녀가 나를 번쩍 들어 올렸고, 나는 폭풍 같은 감동이 몰려와 한없이 눈물이 흘렀다.

왜 부처님이 떠올랐는지 모르겠다. 부처님은 처음부터 이 시간까지 늘 나와 함께했다는 것이 자각되었다. 부처님 집안에서 성장한 것, 부처님을 알고 출가한 것, 팔만대장경 전산화가 저절로 떠올랐던 것, 상담심리전문가가 된 것, 이 자리에 있는 모든 과정이 부처님의 가피 아래 일어나는 것 같았다.

그리고 어머니가 떠올랐다. 어머니는 엄청 귀찮았을 텐데 "뭐 이런 아~가 다 있노~!" 하면서도 가슴(젖)을 내어 주었다. 어머니께 무한히 감사했다.

나는 내가 왜 혼자 노는 것을 선호했는지 이해되었다. 그것은 어머니가 나를 귀찮게 여길까 봐 그랬던 것이다. 나는 귀찮은 존재가 되는 것도 싫고, 누군가가 나를 귀찮게 하는 것도 싫었다. 나는 혼자가 편했을 뿐만 아니라 다른 사람들이 나를 귀찮게 여길까 봐 두려웠던 것이다. 졸음은 달아났고 눈이 번쩍 떠졌다.

웰컴, 아루나찰라

인도를 자주 방문했었지만, 프로그램을 마치자마자 쉴 틈도 없이 쫓기듯이 한국으로 돌아오곤 했다. 하지만 이번엔 라마나 마하리쉬 아슈람이 있는 아루나찰나에 일주일간 머물기로 했다.

영적 수행자들 사이에서 아루나찰나 이야기를 자주 들었기 때문에 언젠가는 가보고 싶었다. 그러던 중 아는 비구니스님이 그곳에서 거의 1년 동안 수행하며 머문다는 소식을 들었다. 혼자라면 엄두를 내지 못했을 테지만, 스님이 수행하고 있었기 때문에 용기가 났다. 스님에게서 방문해도 좋다는 허락을 얻었다. 스님은 내가 그곳에 오갈 수 있도록 택시에서부터 숙소까지 하나하나 챙겨 주었다. 나는 스님 숙소에서 이틀, 아루나찰나 숙소에서 이틀, 호텔에서 이틀 머물기로 계획했다.

그곳에 머무는 동안 하루도 빠짐없이 놀랄 만한 일이 생겨서, 우리는 매일 신기한 체험을 했다. 하루는 옆집에 사는 나이든 서양인 여성의 집으로 놀러 갔다. 입구에 들어서자, 정면 벽에 뱀과 한 남자가 그려진 그림이 있었다. 그 그림은 내가 일주일 전 꿈속에서 봤던 모습과 비슷하게 보였다. 꿈은 이러하다.

초록색 체크무늬의 통통하고 잘생긴 아주 큰 뱀이 굵은 식물 줄기를 타고 올라가는 모습을 본다. 어떤 30대의 모르는 남자가 그 식물 기둥을 잡고 있다. 이유는 모르지만, 언니와 나는 이 남자를 싫어한다. 그래서 뱀이 이 남자의 손을 물어서 남자가 죽었으면~ 한다. 뱀이 어찌 그것을 아는지, 아가리를 크게 벌려 물려고 하고, 나는 물기를 바란다.

뱀이 '여기가 아닌가!' 하며 다른 손가락을 물려고 할 때, 나는 정신이 번쩍 들어 "아저씨 뱀 뱀 뱀 뱀" 하면서 알려준다. 이때 얼마나 '헉~!' 하고 놀랐는지 잠꼬대를 실제로 한다. 그런데 뱀은 애초부터 이 사람을 물 마음이 없었는지, 아가리만 최대한 벌리고 있고, 이 남자가 오히려 뱀을 잡는다. 이때 아버지가 등장해서 '통을 준비해야 하나… 소주가 필요하나…' 하다가 다른 꿈 하나를 더 꾸다가 깼다.

이웃집 여성은 이 꿈에 대해 두 가지로 해석을 했다. 하나는 젊은 남자(시바 신)가 웰컴(welcome, 어서 와!) 하며 나를 미리 '환영한다'는 의미로 보았고, 다른 하나는 시바 신이 뱀(ego)에게 휘둘리지 않고 '에고를 통제하는' 꿈이라고 해석했다. 그녀의 이야기를 들으면서, 나는 내가 앞으로 에고에 휘둘리지 않을 것 같아서 기분이 좋아졌다.

아는 것과 현실은 다르다

그날은 호텔에서 머무는 날이었다. 스님은 내가 머물 호텔을 몇 번이나 방문해서 확인할 정도로 신경을 썼다. 아름다운 곳이라는 호텔에 도착했을 때, 마음에 들지 않았으나 내색하지 않았다. 호텔의 진입로는 흙길이었고, 나무로 둘러싸여 있었으며, 시골집처럼 보였다.

우리는 호텔 입구에서 사진을 찍고 방안을 구경했는데, 침대 위에 걸려 있는 모호한 큰 액자가 눈에 거슬렸다. 그것은 나무의 옹이를 연상시켰고, 옹이는 '상처'라는 단어를 떠올리게 했다. 밤이 되자 스님은 당신의 숙소로 돌아갔고, 나는 따뜻한 물로 샤워를 하고 잠자리에 들었으나, 쉽게 잠들지 못했다. 이리 저리 뒤척이던 중 이상한 소리가 들렸다. 가만히 주의를 집중하니 수돗물이 흐르는 소리였다. 아까 분명히 잠궜는데 어느새 물이 흐르고 있었다. 잠그고 다시 잠을 청했지만 잠은 오지 않았고 또 그 소리가 들렸다. 수도꼭지를 확인했는데도 걸핏하면 스르르 풀려서 물이 줄줄 흐르는 소리가 섬뜩하게 들렸다. 게다가 모기도 많고 분위기는 음산했다. 고무벨트가 풀려서 물이 흐른다는 것은 생각지도 못했다.

다음 날 새벽 5시부터 우리는 '오른돌이'-아루나찰라 산을 오른쪽에 두고 14㎞의 둘레길을 따라 걷는 것-를 하기로 했다. 새벽 4시 30분에 알람을 맞췄는데 4시에 눈이 뜨였고, 잠이 오지 않았다. 따뜻한 물이 나오지 않아 새벽부터 찬물에 세수만 하고, 얼굴에 스킨을 바르면서 알아차렸다. '이 감정이 뭐지?!!!' '이 감정이 뭐길래 이렇게 불편하지?' 차분히 감정을 느꼈다. '아~! 이건 무서움이구나!' 자각하고 이름을 붙였다. 방안이 습하고 음

산해서인지, 세면장이 시골 소 마구간을 연상시켜서인지, 액자 때문인지 모르겠으나 왠지 무서웠다.

당신이라면 이럴 때 어떻게 하겠는가? 이런 순간에 어떤 결정을 하겠는가? 놀라지 마시라! 무서움을 자각하고 놀랄 만한 순발력으로 짐을 챙겨 방을 탈출하듯 뛰쳐나온 시간은 채 2분도 걸리지 않았다. 나는 내가 감정을 다룰 줄 아는 사람이라고 생각했다. 부정적인 감정이 감지되면 그것을 느껴야 한다는 것, 느끼면 사라진다는 것, 내면에 있는 그것과 함께 있으면 사라진다는 것을 (이성적으로) 알고 있었다. 부정적인 감정을 몸으로 충분히 느끼고 나면, 그 감정에서 자유로울 수 있다는 것도 알았다. 하지만 머리로 아는 것과 현실은 달랐다.

스님에게 '무서워서 스님 집으로 지금 갑니다'라는 문자를 보내고, 호텔 문지기를 깨워 빠져나오기까지 얼마나 떨었는지 모른다. 그날 스님과 함께 오른돌이를 하면서 깨달았다. 호텔 환경은 내가 무서움을 경험하도록, 내가 무서움과 마주하도록 마치 세팅한 환경 같았다는 것을.

무서움을 느껴야 무서움에서 자유로울 수 있다는 것을 확신한 나는, 스님의 만류에도 불구하고 다시 짐을 챙겨 그 호텔로 돌아갔다. 스님은 이런 모습이 재밌는지 미소를 지었다.

둘째 날, 방 구석구석을 '있는 그대로 보고' 몸으로 느꼈다. 무섭게 보이던 액자를 떼어내니, 방안이 조금 덜 음산해 보였다.

의도적으로 이완을 한 탓인지 몸은 편안해졌고 다음날 아침까지 머물 수 있었다. 내가 무서움을 두려워한다는 것, 이론과 실제의 차이가 있다는 것, 그리고 인간의 방어기제에 대해서도 이해가 깊어졌다.

성장 과정에서 어린아이들은 무섭고, 두렵고, 불안하고, 공포스러워서 감당할 수 없는 것들은 외면하거나, 억압하거나, 분리해서 피하려고 한다. 그렇게 했던 것들은 성장 과정에 다시 부메랑처럼 되돌아와서 자신을 괴롭게 만든다. 그래서 우리가 봐야 하고, 경험해야 할 것은 그때 당시 회피하고 억압했던 부정적인 감정과 신념들이다. 그것은 우리가 봐야 할 신호등 같은 것이다.

가르침이 무기가 되다

나는 사람들과 연결감을 느끼고 싶었으나, 그러지 못하는 현상을 이해하고 싶었다. 선생님께 내 상태를 정직하게 이야기하면서, 다른 스님들과 연결감을 느끼지 못하는 것에 대해 질문을 했다.

"내가 더 많이 배우고 우등하다고, 깨달았다고 여기면 다른 사람과 연결감이 끊어집니다. 배움 자체가 분리를 만들어냅니다. 연결하고 싶은 생각 때문에 연결이 끊어집니다. 그전엔 화가 무기였다면 지금은 가르침이 무기가 됩니다. 가르침으로 다른 사람을 통제하려고 합니다. 이것을 알 때 변형으로 나아갑니다."

선생님의 답변을 듣고, 나는 머리를 한 대 얻어맞은 것처럼 충격을 받았다. 선생님은 예리하게 내 내면의 상태를 꿰뚫어보았다. 나는 나도 모르는 사이에 내가 더 많이 배우고 우등하다는 생각에 사로잡혀 있었다. 선배나 후배 그리고 동료 스님들과 만났을 때 상담학 학위가 있다는 것, 상담심리전문가 자격이 있다는 자긍심이 있었다. 그런데 이 자부심이 무기가 되어 나도 모르게 으스댔고, 이것이 오히려 스님들과 연결감을 갖는 데 방해가 되었던 것이다. 이 자긍심은 비단 스님과의 관계에만 한정되지 않았다. 이전까지 '배움이라는 무기를 휘두르면서 학생들을 가르친 게 아닐까?' 의문이 들었다. 모교라서 애정이 남달랐으나, 나-의식(I-consciousness, 에고, 아상我相) 상태에서 가르쳤다는 뉘우침이 일어났다. 특히나 상담과 관련된 강의를 할 때에는 내가 우등하다는 자긍심을 가졌던 것이 오히려 화가 된 것 같다. 선생님은 계속 지혜를 나눠주었다.

"신성한 사랑은 나(me)에서 우리(we)로 옮겨갈 때 일어납니다. 신성한 사랑은 나와 상대가 같은 현실의 양 끝임을 깨달을 때 일어나죠. 그것을 보기 위해서는 내면의 진실을 봐야 합니다. 내면의 진실이란 자기 자신의 나-의식 상태를 관찰하는 것입니다. 사랑과 연결을 이해하기 위해서 중요한 것은 관찰입니다. 연결성은 내가 나 중심이 되지 않고, 타인이 느끼는 것을 내가 느끼는 겁니다. 당신이 타인을 느낄 때 그들은 시간을 두고 치유되죠. 연결의 상태로 옮겨가기 위해서는 분리가 무엇인지 자신을 관찰해보아야 합니다."

내가 배움과 가르침을 무기로 삼았던 것에는, 성장기의 상처와 욕구가 숨어 있었다. 한때 부모로부터 버림받을 뻔하면서 느꼈던 공포, 불안, 불신, 분노, 두려움 등이 프로그램처럼 있어서, '버림받고 싶지 않아', '인정받고 싶어', '난 괜찮은 사람이어야 해'라는 것을 확인받기 위해서 배움과 가르침을 무기로 삼았던 것이다. 버림받을지도 모른다는 두려움 때문에 고군분투한 것, 이것이 내 내면의 진실이었다. 내면이든 외부의 현실이든 깊이 숙고해서 찾아가 보면, 무엇이든 틀-조건화, 미해결 과제, 트라우마, 카르마 등-과 연결되기 때문에 프로그램이라고 했을까! 내가 외로움을 느끼는 이유는, 내가 다른 사람들과 연결감을 느끼지 못하기 때문이었다.

'나', '나', '나'

나는 얼마 전까지 대인관계에서 내가 고통스럽지 않는 것이 우선이었다. 상대방의 감정이 어떤지, 그의 입장이 어떠한지 헤아릴 줄 몰랐다. 나는 고통을 '느껴도 괜찮다'는 것을 익히지 못했다. 고통을 느끼더라도 아무 일도 일어나지 않는다는 것을 알려준 사람도 없었던 것 같다. 고통이나 괴로움이 감지되면 모두 없애 버리려고 동분서주하기만 했다. 선생님이 알려준 지혜의 말이 나의 삶을 들여다보고 이야기하는 것처럼 느껴져 창피하고 부끄러웠다.

"고통의 순간에 하는 선택은 우리를 분리의 상태로 데려갑니다. 그것은 사랑보다는 상처의 공간으로 데려갑니다. 상처를 선택한다면 분리로 떨어지게 됩니다. 사랑보다 상처를 선택하죠.

상처와 고통의 상태에서 우리는 우리 자신의 자유나 행복보다는 정의(옳고 그름에)에 자리를 내어줍니다. 자유보다 정의에 자리를 내어 주는 이유는, 우리가 모르기(무지無知) 때문입니다. 상처를 놓아 버리기 힘든 이유는 그것에 의미를 부여하기 때문이고요.

분리를 만드는 선택은 우리가 지속적으로 비난하기 때문이에요. 눈에 보이거나 보이지 않거나 비난하죠. 상처라는 기

계에 비난을 넣고 돌리는 것입니다. 계속해서 비난하는 이유
는 나-의식 상태에 있기 때문입니다. 그리고 감사하기보다
요구하게 됩니다. 예를 들어, '당신과 결혼했으니 날 돌봐야
해요'라며. 자신이 희생자라고 느끼면서 지속적으로 요구하
게 됩니다."

선생님은 마치 내 속을 훤히 다 들여다보고 이야기하는 것 같
았다. 나는 고통의 순간에 있을 때면 어떻게 해서든지 고통으로
부터 떠나는 방법을 선택했다. 하지만 그 결과는 나의 고통으로
고스란히 되돌아왔다. 삶에서 유사하게 반복적으로 고통을 경
험하곤 했다.

고통스럽지 않기 위해 어떤 결정을 할 때마다 그것이 '옳은'
선택이라고 믿었다. 내가 원하는 행복이 아님에도 불구하고 '이
렇게 하는 게 옳아', '이 결정이 맞아.' 하면서 정의를 내세우며
합리화했다. 그리고는 상대방을 비난했다. 지나간 사소한 일들
을 끄집어내어 상대방이 틀렸다며 비난하고, 속으론 후회하면
서도 겉으로는 태연한 척했다.

나는 내가 희생자라며 상대에게 관심과 사랑을 요구했다. 출
가자로서 부끄럽게 살았다. 나는 스스로 '승려의 자격이 없다'
고 비난하는 한편, 승려로서 제대로 살지 못하는 것 같아 죄책
감을 느꼈다. 당당하지 못했다. 그러니 내가 어떻게 스님들이

아름답게 보였겠는가! 외부는 내면의 반영일 뿐인데. 인도에서의 명상 경험은 놀라웠다. 단순히 지적인 이해에 놓아두지 않았다. 명상을 통해 깊은 내면의 상태를 볼 수 있도록 도와주었고, 자신의 의식 상태를 직접 체험하도록 이끌어 주었다.

공격의 상태는 두려움의 하나

어머니는 나를 제외한 형제들의 출생 시간을 기억한다. 시계가 없던 시절이라 정확하진 않지만, "저녁밥을 먹고 나서 낳았지.", "달이 산에 떠오를 때 낳았어."라는 식으로 기억한다. 그런데 나의 경우는 출생 시간 대신에 임신할 시점과 상황을, 그리고 "아빠가 좋아서 싱글벙글 웃으며 미역을 사다 주었지!"라며 아버지를 기억한다.

막내에 대한 아버지의 사랑은 유별나서 마을에서 기억하는 사람들도 많았다. 하지만 삼대독자 오빠는 집안에서 독보적인 존재로서 특별대우의 대상이었다. 어릴 때 언니와 나는 놀이 삼아 재미로 남자아이처럼 서서 오줌을 누었던 적도 있었을 만큼, 어쩌면 남자아이가 되길 바랐는지 모르겠다!

명상 선생님은 우리가 자신의 내면의 진실을 볼 수 있도록 계속 이끌었다. 이날은 내 내면의 공격적인 상태를 보았다.

"자신을 부풀리고자 하는 집착적인 욕구, 당신이 중요한 사람이 아니고 싶지 않은 집착적인 욕구에서 두려움이 생깁니다. 우리가 말하는 공격은 집착적인 상태에 있을 때의 공격입니다. 중요치 않게 될 것이라는 두려움 때문에 내면의 공격성이 생깁니다.

당신이 증명하고자 할 때 그 안에는 두려움이 있습니다. 두려움이 있기 때문에 위협을 느낍니다. 가족 내에서나 직장에서 위협을 느낄 때마다 중요한 사람으로 인정받지 못할 거라는 두려움이 있습니다. 그 두려움은 여러분이 신뢰받지 못한다는, 사랑받지 못한다는 두려움으로 인해 편안하지 않습니다.

두려움이 있는 사람들은 '난 모든 것을 알아', '난 아주 지적이야'라고 크게 보여 주기 위해 부풀리고 거품을 만들어냅니다. 그리고 거품이 사라질까 봐 두려워하죠. 누군가가 그것을 터뜨릴까 봐 두려워합니다.

두려움 속에서 위협을 받으면 상태나 상황을 통제하려고 합니다. 또한 통제를 잃을 거라는 두려움이 있습니다. 그래서 모두가 날 중요하게 생각하도록 보여 주려고 하죠. 공격은 중요성에 관한 것입니다. 공격의 상태는 두려움의 하나이죠. 우리가 위협을 느낄 때 공격적이게됩니다.

자신의 내면의 상태, 내면의 진실을 보게 되면 '나(I)'는 녹고 그곳에 더 이상 머물지 않습니다. 당신이 자신의 내면의 진실을 볼 때 변형됩니다."

나는 살면서 상대방에게 중요한 사람이 되기를 무의식중에
바라며, 그것을 증명하고 싶었던 것 같다. 내가 '있어도 되고 없
어도 되는 존재'이고 싶지 않았고, 상대방에게 내가 가장 중요
한 사람이 되기를 갈망하고 요구했다. 마음이 강하게 끌리는 사
람에게 더 집착적으로 그랬다. 내가 상대방에게 가장 중요한 사
람이 아니라는 것을 느끼면, 나도 모르게 불같이 화를 냈다. 버
림받을지도 모른다는 두려움에 사로잡혀서, 한때 이성을 잃어
버리고 공격적으로 상대방을 비난한 적이 있었다. 그때는 몰랐
다. 상대방을 비난하면서 나는 내가 더 낫다고 여겼다.

그리고 아버지에게 받던 사랑을 갈망하며, 대상에게 그것을
채워 주지 않는다고 화를 내며 상대방을 통제하려고 했다. 내
가 받고 싶었던 사랑은 아버지에게 받았던 '그 사랑'이었다. 그
런 사랑을 해 줄 사람이 누가 있을까! 나는 그 사랑이 오지 않는
다고 느끼면, 상대방의 허물을 지적하며 우회적으로 공격을 가
했다. 그러면서 공격의 정당성을 주장했다. 그럴 때는 내가 미
친 사람이 된 것 같았다. 나는 완전히 '나', '나', '나' 하면서 나-
의식에 떨어졌다. 그리고 상대방을 내 뜻대로 통제하려고 했다.
그렇게 하면 할수록 내가 원하는 안정적인 관계와는 거리가 멀
어졌다.

나는 중요한 사람이라는 것을 증명하려고 애썼다. 내가 중요한 사람이 되지 않을지도 모른다는 두려움은 대인관계에서 늘 부정적으로 작용했다. 두려움은 나를 서두르게 만들었고, 그때마다 지혜롭지 못한 결정을 하도록 부추겼으며, 그리고 머지않아 후회하도록 만들었다.

어린 시절 부모와의 관계에서 신뢰와 안정감을 느꼈더라면 이렇게까지 애쓰면서 살았을까! 형제자매 관계에서 지지와 돌봄을 공유했더라면 어땠을까!

중요치 않게 될 것이라는 두려움 때문에 내면의 공격성이 생기고, 두려움 때문에 증명하려고 하고, 두려움 속에서 위협받으면 상황을 통제하려고 하고, 통제를 잃을 거라는 두려움이 있기 때문에 모두가 나를 중요하게 생각하도록 보여 주려고 애쓴다는 가르침을 들었을 때, 비로소 나는 내 삶을 온전히 이해할 수 있었다. 나와 내 삶이 이해되었다. 내 상처를 만났을 뿐인데 내면이 고요해졌다. 이 명상을 마쳤을 때, 나는 비로소 내가 머무는 곳이 어디든 그곳이 집이고, 내 가족은 원가족을 뛰어넘어 세상 사람들이 모두 한 가족이라는 것을 자각했다. 그리고 가족에 대한 아버지의 큰 사랑이 느껴져 눈물이 났다. 더불어 기쁠 때 따라 불렀던 음악이 저절로 흘러나왔다.

꽃밭에 앉아서 꽃잎을 보네

고운 빛은 어디에서 왔을까
아름다운 꽃이여

이렇게 좋은 날에 이렇게 좋은 날에
그 님이 오신다면 얼마나 좋을까 아~~

꽃밭을 거닐며 하루를 보내네
꽃잎 속에 앉아 있던 나비도
떠날 줄을 모르네.

_ 꽃밭에서

비교는 우리를 갉아먹는다

어릴 때 편안하고 위안을 받았던 사람이나 장소를 떠올리는 것
으로 명상을 시작했다. 안정적인 대상으로 인식되는 사람이 떠
오르지 않았다. 부모님 모두 양가적兩價的인 존재였고 언니들이
나 오빠 역시 편안한 대상이 아니었다.

아버지는 이름 대신 "모야~!"라고 불렀고, 아버지의 사랑이
듬뿍 담긴 이 애칭을 오빠도 따라 부르곤 했다. 집에서 내 이름
이 불려진 적은 없었다. 아버지는 식사를 할 때마다 하얀 쌀밥
을 조금 남겨 그릇 채로 넘겨주기도 했고, 방학이 되면 나만 데
리고 대도시에 살던 언니네 집으로 놀러가기도 했다.

어머니는 늘 바빴다. 그녀의 하루는 새벽 4~5시에 시작되어 자정이 되어서야 끝났다. 한겨울을 제외하면 언제나 그랬고, 언니와 내가 고등학교에 같이 다닐 때엔 하루 수면 시간이 2~3시간 밖에 되지 않았다. 낮엔 농사일을 하고, 밤엔 공장에 다니면서 잔업을 했다. 나라면 견디지 못했을 것이다. 가난과 힘든 농사일 그리고 병마까지. 부모님의 삶은 고군분투였다.

아버지는 가족을 사랑했지만 한편으론 무서운 분이었다. 특히 오빠와 어머니에게 그랬다. 아버지는 오빠가 11살 되었을 때 '남자는 큰물에서 놀아야 한다'는 신념으로 어머니의 반대에도 불구하고 대도시로 유학을 보냈다. 청소년기, 오빠는 친구들과 어울려 노느라고 공부를 뒤로했고, 그로 인해 아버지의 화를 사는 일이 있었다. 아버지는 오빠가 하라는 공부는 안 하고 논다며 방학에 귀향하는 오빠를 몇 번 때린 적이 있다. 그 장면이 아주 무서웠다. 어머니는 적극적으로 말렸지만 힘에 부쳤고, 언니와 나는 얼어붙어서 누구의 편도 들지 못한 채 조용히 있었다.

아버지의 짜증과 화는 주로 어머니에게 향했다. 어머니가 고된 농사일을 책임져야 하는 일이 많았다. 다른 집은 아버지가 했을 만한 일을, 우리 집은 어머니가 해냈다. 그러다보니 귀가 시간은 늦었고 식사는 제때 준비되지 않았다. 그러면 아버지는 큰소리를 냈고, 어머니는 무조건 잘못했다고 빌었다. 어머니는

"가장이 없는 것보다는 아프지만 살아있는 것이 힘이 된다."고 말했다. 아버지는 밥상을 엎은 적도 여러 번 있었는데, 그때마다 어머니는 "녜~ 녜~"하며 아버지의 비위를 맞춰 주었다. 나는 무서워서 눈치를 봤던 것 같다.

어머니에 대한 감정도 양가적이었다. 가난과 농사 그리고 아픈 남편과 많은 자녀들. 이 모든 책임이 어머니의 몫이다 보니 아이들을 안정적으로 집안에서 돌보는 것보다는 먹고 사는 일이 더 급했다. 어머니에게 삶은 전쟁 같았다.

언니들도 집안이 가난해서 원하는 만큼 학업을 다 하지 못하고 어린 나이에 사회로 뛰어들어야만 했다. 그 나이에 감당할 수 있는 시련보다 더 큰 고통의 상태에서 살았다. 내가 기억하기로 부모님과 바로 위의 언니, 이렇게 네 사람만 같이 살았다.

내가 인도에 자주 가는 이유가 의식의 성장이나 변형을 위한 것이기도 하지만 돌봄 받는 느낌 때문인지도 모르겠다. 따뜻하고 포근한 침상과 맛있는 식사. 무엇보다 혼자 명상하거나 수행하도록 내버려두는 것이 아니라 지도자의 친절한 안내와 족집게 같은 가르침이 있다.

"스스로 불충분함과 불안정을 느끼는 것은 비교에서 옵니다. 우리는 지속적인 비교 위에서 삽니다. 진실은 매 순간 다른 사람과 비교한다는 것입니다. 옷, 집, 일, 상태, 직업, 지식 등을 비교합니다. 타인과의 사랑도 비교하죠. 비교는 우리를 갉아먹습니다.

비교에 갇혀 있는 사람은 타인이 무슨 말을 하던지 자신을 조롱하는 것처럼 느낍니다. 자기 비난 속에 있습니다. 비교 속에서 길을 잃은 사람은 원 안에서 맴돌 뿐이고 사랑을 잃습니다. 또는 제대로 하지 못했다는 죄책감을 느끼고 타인에게 질투를 느끼며 우울해하고 고군분투 속으로 들어갑니다. 비교는 전쟁터로 들어가게 합니다."

어릴 때 비교했던 장면이 금방 떠오르지 않더니 하루가 지나고서야 생각이 났다. 나를 고통으로 밀어 넣었던 첫 사건은 바로 친구와 비교하면서 시작되었다. 내가 고등학생 때였다. 시골에 살던 친구들은 너도나도 할 것 없이 읍내에서 자취를 했는데 나는 그러지 못했다. 이런 상황이 뒤처지는 것 같아 불안했고, 우리 집이 무능한 것처럼 보여 부끄러웠다. 자취를 하면 성적이 오를 줄 알고 아버지에게 떼를 써서 읍내 학교 앞에서 자취를 시작했다. 하지만 성적은 오르지 않았고 불안은 더 커졌다.

이맘 때 즈음 남자친구의 자살 시도가 있었고, 나는 극도의 불안과 두려움으로 인해 공부에 집중하지 못했다. 남자친구는 당시에 자가면역질환으로 아팠고 나는 10대에는 잘 걸리지 않는다는 갑상선질환이 발병했다. 이제 생각하니, 내 삶의 고통은 비교에서 시작되었다. 고통 속으로 밀어 넣은 사람은, 다른 사람이 아닌 내 자신이었다. 이런 통찰이 있자, 모든 것이 내 탓이라는 사실이 인정되었다. 한편, 즐겁고 안도감을 주는 곳을 떠올리니 아카데미 캠퍼스가 떠올랐고 명상 아카데미의 모든 사람이 가족처럼 느껴졌다.

상처를 걷어내니 그 자리에 자비심이 찼다

나는 사람이나 가르침에 대해 마음속으로 평가를 하거나 판단을 했다. 이런 태도는 뭔가를 결정할 때 도움이 되었기 때문에 괜찮은 줄 알았고 스스로 똑똑하다고 생각했다. 하지만 자신이든 타인이든 판단하는 이유가 내면의 두려움에서 이뤄진다는 것, 그것은 신뢰의 부족에서 온다는 가르침을 들었을 때, 비로소 나는 내 내면의 두려움을 더 적극적으로 봐야겠다고 마음먹었다.

"판단은 두려움에서 생깁니다. 당신이 감정이 없을 땐 기능적인 판단을 하기 쉽습니다. 기능적인 판단은 지성이 있어서 자신이나 타인에 대해서 해결책을 향해 나아갑니다. 하지만 당신이 상대방에 대해 상처를 녹여내지 못했다면 감정적인 판단을 하기 쉽습니다. 감정적인 판단은 상대로부터 분리시켜 '난 당신과 아주 달라요', '난 당신에 동의하지 않아요'

라며 분리시키는 판단을 하게 됩니다. 다른 사람과 다름으로써 쾌락을 느낍니다. 감정적인 판단을 할 때 가슴에서 사랑이 죽어갑니다. 기능적인 판단을 하면 갈등이 없지만 감정적인 판단을 하게 되면 갈등이 쌓이게 됩니다.

판단은 신뢰의 부족에서 옵니다. 판단의 상태에 들어 있을 때 당신은 신뢰를 잃은 상태입니다. 아주 어린 뇌도 계산을 합니다. 해칠지도 모른다고 느낄 때 무엇이 자신을 보호하도록 만드는지 즉각적으로 판단을 합니다. 문제는 판단에 있지 않고 신뢰에 있습니다. 신뢰를 잃는다는 것은 첫째는 자신에 대한 신뢰를 잃는 것이고, 둘째는 상대에 대한 신뢰의 부족이며, 셋째는 일(아이디어)에 대한 신뢰의 상실입니다."

나는 재가在家에서 남자친구에게 신뢰를 잃었다. 출가해서도 그를 생각하면 괴로운 상태에 놓이곤 했다. 아래의 메모는 출가 후 새내기 때 기록한 내용이다.

사랑하는 이에게 배신당하는 일보다 더 가슴 아픈 일이 있을까.
믿음을 등지고 신뢰하지 못하는 것보다 더 괴로운 일이 있을까.
문득!

사랑과 배신을 담은 주말 연속극을 보면서
며칠째 생각이 난다.

출가出家해서는 은사스님과 사형 그리고 사제 사이에서 상처
를 입은 적이 있다. 심리상담을 받는 동안 상담자와 삼중 관계*
를 맺으며 신뢰를 잃은 적도 있다. 생각해보면 신뢰를 회복하고
싶은 바람이 나를 인도까지 가도록 부추겼다고 할 수 있다. 나
는 신뢰감을 회복하고 싶었다.

명상 홀에서 불신不信의 근원을 보여 달라고 내면의 우주지성
인 아미타불께 요청했다. 문득 그 사건이 떠올랐다. 오빠는 초
등학교 4학년 때 시골에서 대도시로 유학을 떠났다. 오빠는 누
나들과 대도시에서 적응해야만 했을 것이다. 모두 다 어렸다.
마침, 학령기 아이의 관심이 부모에게서 자연스럽게 친구들에
게 향하는 시기여서일까? 오빠는 친구들과 어울려 노느라 공부
를 등한시한 것 같다. 함께 살며 보살폈던 언니들의 노고가 컸
고, 사건이 있을 때마다 아버지 귀에 들어갔다.

아버지는 오빠가 자신의 기대에 미치지 못하자, 방학에 귀향

---

* 상담은 이중 관계를 맺지 않도록 주의하는데, 당시 나는 상담자와 삼중
관계를 맺었다. 첫째는 상담자와 내담자 관계, 둘째는 교수와 제자 관
계, 셋째는 어느 한 프로젝트에 공동으로 참여하는 관계를 맺었다. 세
번째 관계에서 나는 상담자에게 실망하는 일이 있었다.

하는 오빠를 향해 아주 호되게 나무랐다. 그날은 아버지가 오빠를 때렸던 날이다. 한겨울이었다. 아버지는 방안에서 문을 잠근 채 오빠를 때렸다. 그때 들려왔던 오빠의 비명과 울음소리, 그리고 문밖에서 애끓이며 말리던 어머니의 모습. 오빠가 느꼈을 두려움과 공포, 불안, 무기력감, 무서움, 화, 수치심. 그 당시 장면과 감정이 생생하게 떠올랐다. 그때 나도 모르는 사이에 오빠와 같은 피해자가 되어 오빠와 비슷한 감정을 느꼈던 것 같다. 아버지가 무서워서 몸이 경직되는 듯했다.

나는 오빠와 어머니가 아버지에게 당했던 장면이 떠올라 무척 많이 울었다. 잊고 살았던 옛 상처였다. 지나간 일이라며 무시하고 가볍게 여겼던 사건이었다.

아버지는 평소에 서글서글한 웃음을 짓는 분으로 인자한 편이었다. 더구나 나를 무척 많이 사랑했기 때문에, 오빠와 어머니에게 폭력을 행사했다는 사실을 인정하는 것이 고통스러웠다. 상처를 받는 쪽은 약자의 몫인가 보다.

이전까지 나의 내면 작업은 주로 어머니를 중심으로 이뤄져 왔다. 하지만 이날은 평소에 의식하지 못했던, 까마득히 잊고 살았던 장면들이 떠올랐다.

어머니가 고생했던 구체적인 사건들이 어제 일처럼 떠올라서 한없이 울었다. 어머니의 고통이 생생하게 느껴졌다. 엄청난 고생을 하면서도 우리 가족을 버리지 않은 것에 대해 어머니에게 한없이 감사했다.

나에게는 오빠 역시 양가적인 사람이었다. 오빠는 그 당시 농촌에서 쉽게 볼 수 없었던 월간 어린이 잡지를 몇 년간 꾸준히 보내 준 좋은 사람이기도 했고, 한편으론 부모님과 언니들의 속을 많이 썩인 나쁜 오빠이기도 했다. 몇 년 동안 아카데미에 갔었지만 처음으로 오빠의 상처와 접촉했다. 청소년기 오빠의 상처를 접촉하자마자 내 상처가 덩달아 올라왔다.

내 삶에서 경험한 불신의 세 장면을 떠올렸을 때, 신기하게 모두 남자와 관련 있다는 것을 통찰할 수 있었다. 그리고 그 뿌리는 아버지와 연결되어 있었다. 지금까지 나는 불신의 뿌리에 어머니만 있는 줄 알았다. 하지만 불신의 뿌리에 아버지가 포함되어 있음을 비로소 알았다.

아버지 또한 고통 속에서 그리했다는 것을 자각할수록, 아버지의 고통도 느낄 수 있었다. 그리고 아버지의 사랑과 더불어 아버지에 대한 연민도 함께 솟아났다. 아버지의 무서운 면을 보았는데 연민이 생기는 것이 신기했다. 내 상처와 접촉했는데 자비심이 일어나는 것도 신기했다. 무서움과 두려움이 있던 자리에 사랑이 채워지고 있었다. 자비심은 자비명상과 같은 훈련을 통해서가 아니라, 내 상처를 걷어내니 그 자리에 자비심이 차올랐다.

난 '괜찮은 사람'이 되어야 하고~

나는 때때로 귀찮거나 자기 집착에 사로잡혀 있을 때, 사람들과 연결하지 않는 것을 선택해서 나를 방어했다. 이것은 아마도 어린 시절 내가 정서적으로 방치된 것과 연관이 있다고 생각한다.

상대방에게 관심을 두고 나름대로 노력했으나, 그로부터 내가 반복해서 상처를 받으면 나는 거리를 두었다. 상처를 받는다는 것은, 나에게 취약한 구석이 있다는 의미인데, 상처받는 것의 내면의 진실이 무엇인지 궁금해서 명상을 계속했다. 명상에서 본 내면의 진실은 이러했다.

나는 '괜찮은 사람'이어야 한다.
나는 '괜찮은 스님'이어야 한다.
나는 '괜찮은 상담자'여야 한다.

나는 이런 이미지가 필요했다. 이 이미지에 손상을 입으면, 타인에게 무감각해지고 그와 차단한다는 사실을 알았다. 명상 선생님은 말했다.

"우리는 타인의 상처로부터 보호되기를 원합니다. 상대방이 고통의 상태에 있을 때, 당신이 그것을 느낀다면 당신은 그를 돕기 위해 뭔가를 하지만, 때때로 연결되지 않는 것을 선택합니다. 그리고 상대를 판단하죠. 그 결과는 무감각이에요. 무감각해지면 상대를 느끼지 못하죠. 주변에 벽을 쌓으면 스스로 안전하다고 느낍니다. 대신에 고립되지요."

나는 지금까지 수많은 대인관계에서 타인이 고통 속에 있다는 것을 알면서도 돕지 않고 무관심했다. 타인의 고통에 무감각했던 상황은, 내가 괜찮은 사람-또는 괜찮은 스님이나 괜찮은 상담자-이라는 이미지에 상처를 입을 때였다.

무의식중에 나는 괜찮은 사람이 되어야만 인정받고 버림받지 않을 수 있었기 때문이다. 인정받지 못할까 봐 무서웠고, 버림받을까 봐 두려워서, 나도 모르는 사이에 상대방과 거리 두기를 하고, 상대방에게 무관심해지고 무감각해짐으로써 나를 보호했던 것이다. 어린 시절의 프로그램(업, 카르마)이 일생 동안 영향을 미친다는 사실에 승복하지 않을 수 없었다.

그 정도는 해야지!

나를 인도 명상 아카데미로 소개하고 안내했던 코디와 나는 2019년 2월에 인도에서 만났다. 둘이 같은 과정에 등록했기 때문이다. '아름다운 상태(The Beautiful State)'라는 명상 코스를 진행할 수 있는 자격을 받기 위한 10일간의 명상 수련 과정이 있었다.

해변의 붓다 덱

　나는 그녀와 만난다는 사실 자체만으로 거북했고 내가 강하
게 저항한다는 것을 느꼈다. 나는 내면에서 어떤 것이 건드려진
다는 사실을 인식했다. 하지만 그녀와 관련된 나의 불편함을 통
찰하기까지 거의 3년 정도의 시간이 걸렸다. 그 과정을 대략 요
약하면 이러하다.

　명상 아카데미의 해변 캠퍼스는 참 아름답다. 캠퍼스에 도착
한 2019년 어느 날 해변의 붓다 덱(Buddha deck, 불상이 모셔진 명
상 공간)에 갔다. 해가 저물어 노을이 참으로 아름다운 날이었
다. 어머니에게 적절히 돌봄 받지 못해서 불안하고 화났던 어린

시절의 나를 떠올렸다.

해결되지 못한 채 남아 있는 '돌봄 받고 싶은 욕구'는 적절한 대상을 찾아 욕구를 충족하고 싶어 했다. 그중 한 명이 바로 코디였다. 그녀에게 화나는 일이 생기기 전까지 나는 그녀를 참 좋아하고 신뢰했었다. 내가 의식하지 못하는 동안 그녀에게 돌봄을 받고 싶은 욕구가 있었던 것 같다. 다른 사람들이 인도에 갈 때 자세하게 안내를 받는 것 같이. 그것이 충족되지 않자 불만족이 생겼고 화가 나서 그녀를 비난했다.

돌봄 받고 싶은 욕구는 어린 시절 나와 어머니 사이에서 충족됐어야 했지만, 그것이 미해결된 채로 깊은 무의식에 남아 있다가 어머니에게 갔어야 할 화가 코디에게 갔던 것이다. 이런 무의식적인 방어기제를 통찰했으나 여전히 불편했다. 이것이 전부가 아니었나 보다.

이 문제에서 자유롭고 싶어서 선생님과 개인 면담 시간을 가졌다. 선생님과 대화하면서 나는 내가 그녀에게 존중받지 못해서 화가 났다는 사실을 알아차렸다. 그녀가 진행하는 코스에 아는 스님들과 불자들을 데리고 갔을 때, 그녀는 불교의 가르침보다 인도 명상 아카데미의 가르침이 더 우등하다는 듯이 비교하는 것 같았다. 나는 그녀가 우등한 불교와 우등한 나-스님으로서, 상담학 박사로서, 1급 수퍼바이저로서-를 무시했다고 느꼈다. 또한 스님들에게 인도 코스를 강력히 추천하면서 스님들을 불편하게 한 측면이 있고, 그 결과 그 스님들이 나를 피하게 만들었다고 여겼다.

이러한 앎이 있은 후에도 여전히 화가 나서, 이 문제의 근원이 무엇인지 끝까지 숙고하기로 했다. 내가 처음 인도로 가려고 했을 때, 그녀의 불성실한 안내로 인해 불안과 위협을 느꼈다. 그리고 영어에 능숙하지 못하다는 열등감이 있었는데, 동행했던 통역사로부터 열등감을 자극받아 불안이 가중되었다. 나는 다른 스님들에게 내가 중요한 스님이라는 이미지를 유지하고 싶었고, 스님들에게 중요치 않게 될까 봐 두려웠다. 그래서 그녀에게 공격적으로 대했고, 그것을 표현하는 방식이 화였다. 나는 나를 보호하기 위해 판단하고 비난하며 방어모드로 들어갔던 것이다.

내가 통찰한 또 다른 내용은 이러하다. 나는 '그 정도는 해야지!'라는 신념이 있었다. 그것이 충족되지 않으면 화가 났다. 예를 들어,

'아버지면, 그 정도는 해야지요',

'교수라면, 그 정도는 해야지요',

'코디라면, 그 정도는 해야지요'

등 대부분 권위자로 인식되는 사람이 그 자리에서 제대로 일을 하지 못하면 화가 나는 패턴이었다. 이 문제의 근원은 아버지와 관련이 있었다. 아버지는 내가 세 살 때부터 아파서 17년

동안 병고를 겪었다. 농사일을 하긴 했지만, 친구들의 아버지와는 달랐다. 그러다가 내가 스무 살 때 암으로 돌아가셨다. 어머니 표현에 의하면, 그 과정에 관(棺; 시체를 담는 궤)이 마당에 세 번이나 들어올 정도로 아버지는 위독하셨다. 두 분이 가끔 티격태격하는 일은 있었지만, 어머니가 아버지에게 말대꾸를 하거나 아버지 뜻을 거스르는 모습을 거의 보지 못했다. 어머니는 아픈 아버지의 비위를 거의 다 맞춰 주었고 자신을 희생하면서 살았다.

이런 생활환경 속에서 나는 언제부터인지 나도 모르게 '아버지, 그 정도는 해도 되지 않나요?, 그 정도는 해야지요!'라는 마음이 있었던 것 같다. 하지만 그것은 표현되지 못했고 억압되었다. 이후 '그 정도는 해야' 하는 사람이 그것을 충족하지 못하면 화가 났다. 그녀도 코디로서 그 정도는 해야 했다! 이러한 통찰이 있은 후에야 내면의 화와 분노는 사라진 듯 감지되지 않았다. 그녀를 봐도 이전처럼 화나지 않고 담담해졌다. 근원으로 파고들수록 부모님과 관련이 깊다는 것을 알게 된다.

영적 길을 안내해 준 사람

나는 나의 영적 성장과 다른 사람들의 성장을 돕기 위해 아카데미 명상 과정에 참석했다. 나를 영적 길로 인도해 준 사람을 숙고하니 아버지가 떠올랐다. 내 인생의 관계 측면에서 번번이 상처받았던 대상의 뿌리에는 아버지가 있었다. 그런 아버지가 나를 영적 길로 안내해 준 사람이라니! 놀랐다. 고통이라는 포장지에 싸인 선물이었을까!

나는 지금까지 아미타불은 저 멀리 계시는 줄 알았다. 하지만 아미타불을 연상하자 어머니와 아버지가 떠올랐다. 몇 년 전만 해도 아미타불을 연상할 때 오른쪽 가슴 방향에서 어떤 느낌이 있었는데, 어쩐 일인지 이번에는 부모님이 부처님이라는 자각이 생겨났다. 그래서 주체할 수 없는 눈물이 흘러내렸다. 가까운 사람들이 부처님이라는 말씀을 듣긴 했어도 이렇게 연결될 줄은 몰랐다. 부모님은 늘 자식 걱정을 하며 사랑하고 있었는데도, 내가 그것을 알지 못한 채 살아왔다는 것을 알았다. 그것을 이제야 깨달았다. 그래서 마치 어린아이처럼 서서 울었다!

나는 부모님의 넉넉한 사랑을 먹고 살았다. 그러나 지금까지 나는 성장기 동안 안정되지 않았다고, 두려웠다고, 애착에 문제가 생겼다고, 돌봄 받지 못했다며 자신의 상처에 사로잡혀 집착되어 있었다는 앎이 생겨났다. 자신에게 사로잡혀 자신에게 집착된 삶을 살아왔다는 것을 비로소 깨달았다.

내가 승가를 사랑하지 않고 있구나!

나는 어릴 때부터 부모님의 영향을 받아 불교가 친숙하다. 아버지는 집에서 일할 때 가끔 염불 레코드판을 틀곤 했다. 스님의 염불 소리가 참 구수하게 들렸다.

출가하니 스님은 승가의 세 가지 보물(삼보三寶) 중 하나였다. 그래서인지 불교 내부에서는 자부심이 대단하다. 하지만 그런 자부심은 불교와 불자 안에서만 통용되는 듯하다. 불교계 밖에선 나를 '선생님'으로 부르는 사람도 있다. 온몸으로 스님임을 보이는데도 말이다!

일반 사람들은 스님을 보물로 봐 주지 않는다. 그래서 그들에게 스님을 귀하게 대해 달라고 요청할 수도 없다. 세상에서 귀한 존재가 되기 위해서는 그만한 역할이 뒤따라야 하는 것 같다.

거의 매년 스님들의 실망스러운 모습이 언론에 오르내리고 있다. 꼭 그래서만은 아니겠지만 스님들에 대한 신뢰가 점점 떨어지는 것을 느낀다. 그것은 아마도 스님들에게 걸었던 기대가 채워지지 않으면서 생긴 실망감 때문일 수도 있겠다.

나는 출가 전후에 승가의 부패, 부정, 권력 남용 등을 직·간접적으로 목격하면서 한국 스님들에 대해 적지 않게 실망한 부분이 있었다. 그렇다고 해서 출가에 방해될 정도는 아니었다.

한편으로는, 훌륭한 스님들이 계셨고 그분들이 활동하는 모습에 감동을 받을 때도 있다. 나도 훌륭한 스님들의 도움을 받고 여기까지 왔으니까. 도움을 주신 모든 스님들의 은혜에 감사하다.

내가 명상에서 본 나의 열등감 중엔 승려라는 신분이 포함되어 있었다. 깜짝 놀랐다. 내가 원해서 승려가 되었는데, 그것이 열등하게 느껴지다니! 나는 나도 모르는 사이에 실망스러운 승가의 모습과 나를 동일시하여 스스로 한국 승가를 무시하고 얕본 면이 있었다. 더하여 스스로 떳떳하지 못한 적도 있었는데, 그런 내 자신을 속이고 있었다. 내면에서 관찰하는 또 다른 관찰자가 있었다. 그런 중에도 누군가가 승가를 무시한다고 느끼면 그 대상에게 화가 났다. 또 종단에 대한 실망감과 분노가 억압되어 있다가, 다른 사람에게 옮겨져 화를 낸 적도 있었다. 이런 모습이 부끄럽게 느껴질 때도 있었다.

곰곰이 숙고했다. 내가 본 나의 내면의 진실은 '내가 승가를 사랑하지 않고 있구나!'였다. 어떤 스님은 말한다. '자신의 문제는 자기가 해결해야 한다'고. 또 '출가한 스님이니 불교 안에서 자신의 문제를 해결해야 한다'고.

나는 불교에서 내 문제를 해결하지 못한 상태에서 심리상담으로 관심이 옮겨갔다. 나는 심리상담에서 현실적인 도움을 받았다. 그래서 대인관계에서 빚어지는 어려움, 부적응적 문제, 스트레스로 인한 다양한 현실적인 문제를 해결하는 데 한국 전통 불교 방식의 수행이 열등하다고 느꼈던 것 같다. 내가 승려인데도. 이런 내적 갈등으로 인해 내면에서 충돌이 일어나 스트레스 상태에 있었던 것을 자각할 수 있었다. 내 내면의 갈등을 바로 봄으로써, 비로소 남 탓하기를 멈출 수 있었다. 나는 이러한 내면의 진실을 통찰한 후에, 훨씬 더 편안해졌고 고요해졌다. 불교와 스님들의 존재가 귀하게 보였다.

상담하는 비구니의 생활

나의 복지가 타인의 복지

상담심리전문가가 되기 위해 수련받는 동안 가장 큰 수혜자는
자기 자신인 것 같다. 왜냐하면 상담자는 자신의 마음(의식, 내
면)을 맑혀야 하기 때문이다. 그렇게 되려면 먼저 상담자 자신
의 마음을 들여다보고 맑히는 작업이 필요하다. 자신이 맑은 상
태여야 내담자를 있는 그대로 비춰줄 수 있으니까.

상담자는 교육분석으로 알려진 개인분석을 비롯해서 다양한
수련을 받는다. 내가 보기에 이 과정은 하나의 수행으로 보인
다. 상담자 자신이 맑지 못하면 내담자를 비춰 줄 수 없고, 그렇
게 되면 치료 효과가 나지 않거나 떨어진다.

대학생 때 집단상담에 참여하지 않았더라면 나도 전통적인
불교수행을 하며 살고 있을 것이다. 내가 상담과 심리치료 그리
고 명상을 공부한 이유는 나의 복지(福祉, 행복)가 먼저였다. 더
불어 상담이라는 도구가 다른 사람의 복지를 위해 유용하게 쓰
일 수 있겠다는 확신이 있었다. 그래서 나는 나의 선택을 신뢰
하고 이 일을 사랑한다.

내가 출가할 때 세웠던 서원 중 하나는 복지였다. 하지만 당시에는 타인을 위한 사회사업 정도로 생각해서 학부에서 사회복지학을 복수 전공하고 박사과정에 다닐 때 센터장을 맡기도 했다. 하지만 최근 복지에 대한 생각이 조금 달라졌다. 심리적인 면이나 의식의 상태가 편안한 것이 복지 같다. 그리고 '나의 복지가 타인의 복지'와 무관하지 않다는 통찰이 생겼다.

자신이 고통의 상태에 있으면서 타인을 돕는다면, 도울 수는 있지만 자신의 의식 상태는 편안하지 않을 것이다. 자신이 괴로운 상태에 있다면, 먼저 자신의 내면을 고요한 상태로 변형하는 것이 우선이라고 생각한다. 자신이 편안해야 타인을 대할 때도 편안할 것이다. 이런 면에서 볼 때, 자신의 복지와 타인의 복지는 서로 연결되어 있다.

돈만 밝히는 스님!

2018년 8월 어느 날의 이야기이다. 오랫동안 알고 지내던 스님이 사시(오전 10시)예불을 하루만 해달라고 요청했다. 당신에게 다급한 일이 생겨 부탁하는 거라며, 내가 상담 시간을 조정해서 기도해 주기를 바랐다.

나는 두 가지를 고려해야 했다. 하나는 오전에 있는 두 건의 상담 시간을 조정해야 했고, 다른 하나는 출근 시간을 고려해 집에서 일찍 출발해야 한다는 부담이 있었다. 나는 그분에게 좋은 스님이기를 원했다. 스님한테 이런 부탁을 처음 받았기 때문에 들어주고 싶었다. 다행히 상담은 오후로 조정할 수 있었고 평상시라면 일어나지 못했을 이른 아침에 출발하여 기도 시간을 맞추었다.

나는 이 부탁을 받고 거의 자동적으로 '보시금은 얼마나 될까!'를 생각했다. '나라면 얼마를 줄까!' 이런 생각이 일어나고 사라지는 것을 보면서 '참 신기하다! 어떻게 자동적으로 돈 받을 생각부터 할까!' 하는 한편, 창피한 마음과 더불어 살짝 기대감을 가졌다. 점심을 먹고 돌아오는 길에 종무소 직원이 주는 보시금 봉투를 확인하고, 나는 '이게 뭐지!'라는 생각과 더불어 내 가치가 너무 낮게 측정된 것 같아서 기분이 상했다.

나는 대학생 때부터 수년 동안 여러 사찰에서 기도를 해왔다. 그런데 어디에서도 받아본 적 없는 적은 액수의 보시금이었다. 당황스러움과 더불어 서운했다. 서운함을 그대로 두고 아무 일도 없었던 것처럼 하기가 불편해서 '이제 스님 절에서 부르면 바쁘다고 하고 가지 말자'라고 자신과 타협했다. 그리고 몇 개월 후 스님이 비슷한 요청을 해왔을 때, 나는 '시간이 안 된다'며 거절했다.

그런데 여기서 그치지 않았다. 전화 통화에서 스님이 내 감정이나 상황을 확인하는 질문을 할 때, 나는 '아니오'라고 부정하고 있었다.

"스님 목소리가 다운되어 있는 것처럼 느껴지네요. 무슨 일이 있으세요?"

"아니요, 스님. 괜찮아요."

이때 나는 내 기분도 느낄 수 있었고, '부정'하고 있다는 사실도 알아차릴 수 있었으나 멈춰지지 않았다. 나를 낮은 보시금으로 측정한 것 같아 서운했고, 내가 가치를 돈으로 측정했다는 사실이 들통날까 봐 부끄러웠다. 무엇보다 '돈만 밝히는 스님!'이라는 소리를 들을까 봐 두려워 그 일을 말할 수 없었다. 이런 내면의 진실을 알고도 오랫동안 고백하지 못했다. 말할 용기가 나지 않았다. 시간이 빠르게 흘러 그동안 나는 인도 명상 아카데미에 두어 번 더 다녀왔다.

2019년 12월, 인도에서 갑자기 구안와사(口眼喎斜; 얼굴 신경 마비 증상)가 왔다. 현지 의사는 심각하지 않으니 귀국하고 3개월 정도 치료하라며 비타민을 처방해 주었다. 나는 그 상태로 1주일 동안 더 명상에 참여했다. 귀국하고 한참이 지나서 큰 병원에 가보라는 동네 병원 의사의 권유를 받았다. 때마침 기도를 부탁했던 그 스님이 병원과 담당 의사를 알아봐 주었다. 우리는 2019년 12월 마지막 날 병원에서 만났다. 스님은 내 건강이 걱정된다며 병원까지 나왔다. 나는 이날 고백하기로 마음먹었다.

나는 돈만 밝히는 스님이 안 돼야지!

어머니는 큰 사찰의 산내山內 암자에 다녔다. 아들을 낳지 못해 시어머니로부터 심하게 구박받고 소박을 맞을 뻔했던 어머니는 아들 낳는 비법(?)을 들었다고 한다. 그것은 집에서부터 쌀 한 말(열되)을 이고 암자까지 한 번도 쉬지 않고 가서, 그 쌀로 부처님께 공양을 올리고 아들을 점지해 달라고 기도하면 득남한다는 이야기였다. 요즘과 그때의 쌀의 가치는 큰 차이가 있다.

집에서 암자까지의 거리는 약 32km 정도였다. 한겨울이었지만 어머니가 암자에 도착했을 때는 땀으로 온몸이 젖을 정도였다고 한다. '힘들었겠다'는 짧은 문장으로는 그 고생을 다 담아낼 수 없을 정도이다.

어머니의 정성에 감응해서였을까? 그 기도 후 3대 독자인 오빠를 얻었다. 어머니에게 그 암자는 평생의 의지처이자 영험 있는 곳이었다. 내가 어렸을 때 설날이면 온 가족이 방문했을 정도로 특별한 곳이었다.

세상은 빠르게 변했다. 암자로 향했던 꼬불꼬불한 오솔길에는 자동차가 다니기 시작했다. 그날도 어머니는 쌀을 준비해서 기도하러 갔다. 어머니는 그때까지 암주(암자의 주지)스님과 얼굴을 마주하고 대화를 해 본 적이 한 번도 없었다고 한다. 시골 사람인데다 일자 무식꾼으로 스스로를 낮추며 나서지 않았다.

그런데 그날 충격적인 장면을 목격했다. 어머니가 기도하러

왔다고 알렸을 때, 한 번도 얼굴을 내밀지 않았던 암주스님이 버선발로 뛰어나오는 모습을 보고 무척 놀란 것이다. 암주스님이 향한 곳은 대도시에서 고급 승용차를 몰고 온 구두 신은 예쁜 보살님 앞이었기 때문이다.

암주스님의 모습을 보고 얼마나 충격을 받았던지, 어머니는 그날 이후로 그 암자에 다니는 횟수를 줄였다. 기도할 때가 되어 암자에서 안내 우편이 날아오는데, 그때마다 어머니는 잠시 갈등하셨다. 기도를 올리기는 해야겠는데, 가난한 시골 사람이라는 이유로 푸대접을 받고 싶진 않았던 것 같다.

어머니는 그 일을 몇 번이나 이야기하면서, "아들 며느리를 봤으니 이제부터는 가들~보고 다니라고 하면 안되겠나?"라고 물어왔다. 나는 어머니의 고통을 느끼지 못한 채, "그러면 되지."라고 동의했다. 나는 이 이야기를 들을 때마다 속으로 '나는 돈만 밝히는 스님이 안 돼야지!'라고 생각했었다. 그런데 나도 모르는 사이에 돈만 밝히는 스님이 된 것 같았다.

그날, 병원 앞 한 카페에서 나는 스님에게 어머니의 이야기를 꺼냈다. 내가 경험한 일도 아닌데 왜 그렇게 눈물이 났을까! 스님은 내가 은사스님의 재정적인 지원 없이 학업을 마칠 수밖에 없는 상황이었기 때문에, 그동안 돈이 필요했었을 것이라며 위로해 주었다. 그것이 사실이었지만 나는 돈만 밝히는 스님이고 싶진 않았다.

스님은 당신과 종무소 직원 사이에 사인이 맞지 않아 실수가 있었던 것 같다며, 진심을 다해 사과했고, 갖고 있던 돈을 건넸다. 돈을 받기 위해 꺼낸 이야기가 아니었지만 결국 나는 '돈만 밝히는 스님' 모양새가 되었다. 우리는 서로 염려하고 아끼는 마음을 확인하며 오해를 푸는 시간을 가졌다.

내면의 진실을 보면 내면의 수다가 조용해집니다

내면의 진실을 본다는 것이 무엇일까? 그것은 자신의 상태에 주의를 주는 것이었다. 나-의식의 상태를 관찰하는 것으로서, 자신의 내면의 상태를 보게 되면 나-의식이 녹았다. 내면의 진실의 상태를 보았더니 더 이상 그 상태에 머물지 않았다.

나는 상담을 통해 내면의 불안과 분노, 두려움 등 부정적인 것과 접촉할 수 있었다. 하지만 그때까지만 해도 그것을 '감정'이라는 단어로 명명할 줄 몰랐다. 그런데도 이전에 비해 편안해진 것이 사실이었다. 직접적으로 생생하게 부정적인 감정과 접촉하고, 그것이 '감정이구나!' 하고 알아차리고 명명할 수 있었던 것은 인도에서 명상을 한 뒤부터였다. 치유적이면서도 초월적인 명상을 통해 내면의 깊은 불안과 분노, 두려움의 뿌리에가 닿을 수 있었고, 그것을 경험할수록 안정화 되어 갔으며 신뢰감이 튼튼해졌다.

나를 괴롭히는 감정과 더 깊이 접촉할수록, 다른 사람이 더 잘 이해되었고, 그들이 호소하는 어려움과 고통을 더 잘 느낄 수 있게 되었다. 그리고 상담이 진행되는 시간 동안 내담자와 상담자 그리고 상담관계에 집중이 잘 되었다. 그들의 고통에 더 가까이 가 닿아도 힘들지 않았다. 그들이 자신의 고통과 접촉하고 그것으로부터 자유로워지는 모습을 볼 때마다 모든 것에 감사함을 느꼈다. 바쁜 일상에서도 집중해야 할 것에 집중하고 마음이 콩밭으로 가지 않게 되었다.

사람들은 괴로워하면서도 그에 수반되는 감정이나 기분이 어떠냐고 물으면 선뜻 대답하지 못한다. 그도 그럴 것이 감정은 의식에서 차단이 가능하기 때문이다. 뇌과학 전문가 박문호 박사는 "감정은 영향을 받지만, 명령을 받지 않는다."고 말한다.[*] 우리가 괴로움에서 자유로워지려면 그 괴로움을 알아차리고, 몸에서 느끼고(재경험하고), 그것이 제 갈 길을 가도록 저항하지 않고 허용해야 한다.

> 감정 단어들[**]
>
> emotion의 e는 '밖을 향해'이고, motion은 '움직임'의 의미로서 'emotion'은 외부를 향한 움직임이다. 우리말로 감정

[*] 박문호(2021), 『그림으로 읽는 뇌과학의 모든 것』, 휴머니스트, p.658.

[**] 강진령(2020). 『상담연습』, 학지사. pp.44-49.

또는 정서로 번역되는데, 감정(emotion)은 자극에 대한 생리
적인 반응으로서 항상 몸과 연결되어 행동을 추진한다. 정
서는 감정의 보다 강한 형태로 외부에서 관찰할 수 있게 드
러나는 감정이다. 감각이 신체적인 센서라면 정서와 감정은
심리적인 센서이다.

기쁨은 욕구가 충족되었을 때의 흐뭇하고 흡족한 정서이
고, 슬픔은 소중히 여기던 대상(사랑하는 사람, 신체 기관, 건강,
재산 등)을 상실했을 때 유발되는 정서이며, 분노는 욕구충
족이 지연 또는 이루어지지 않을 때 유발되는 정서이고, 두
려움은 위험에 직면할 때 모든 감각이 외부를 향해 긴장하
고, 주의력이 최고조에 달하게 되면서 유발되는 정서이다.
역겨움은 자신에게 해가 되거나 자신을 더럽히는 상황(성추
행, 성폭행 등)에 직면할 때 유발되는 정서이다.

이러한 감정(정서)에 대해서 가장 먼저 할 것은 어떤 감정
이 일어나는지 몸에서 알아차리는 일이다. 그리고 "이 감정
이 뭐지!" 하며 그 감정이 일어나도록 놓아두고(허용하기),
그 감정과 함께 있는다(머문다). 그 감정을 더 좋은 감정으로
바꾸거나 어떻게 하려는 바람 없이 감정이 스스로 제 갈 길
을 가도록 놓아두면 된다. 이렇게 놓아 버릴 때는 감정에만
초점을 맞추고 생각에는 신경을 쓰지 않는다.

정서	감정 표현 언어
기쁨 희(喜) joy	우습다. 웃긴다. 유쾌하다. 흐뭇하다. 가슴이 벅차다. 흥겹다. 흥분된다. 속이 시원하다. 속이 후련하다. 감개무량하다. 기쁘다. 만족스럽다. 반갑다. 뿌듯하다. 산뜻하다. 상쾌하다. 상큼하다. 설렌다. 신난다. 신명난다. 신바람난다. 안심된다. 자랑스럽다. 즐겁다. 짜릿하다. 통쾌하다. 편안하다. 행복하다. 호쾌하다. 환상적이다. 황홀하다. 후련하다.
슬픔 애(哀) sadness	눈앞이 캄캄하다. 막막하다. 가슴이 미어진다/싸하다/쓰리다/아리다/저리다/찢어지는 것 같다/터질 것 같다. 공허하다. 답답하다. 심난하다. 애가 탄다. 애간장이 끓는다/녹는다. 애달프다. 애석/애잔/애절하다. 애처롭다. 애통하다. 애틋하다. 억장이 무너진다. 외롭다. 우울하다. 울적하다. 원통하다. 적막하다. 적적하다. 고독하다. 고통스럽다. 괴롭다. 그립다. 버림받는 느낌이다. 불쌍하다. 불행하다. 비참하다. 비통하다. 서글프다. 서럽다. 설움이 북받친다. 소외감이 든다. 슬프다. 썰렁하다. 쓸쓸하다. 안타깝다. 암담하다. 암울하다. 절망스럽다. 절망적이다. 착잡하다. 참담하다. 처량하다. 처연하다. 처참하다. 측은하다. 침울하다. 허망/허무/허전/허탈하다.
분노 노(怒) anger	진절머리 난다. 치가 떨린다. 피가 거꾸로 솟는다. 복장 터진다. 부아가 난다. 속 뒤집어진다. 속 터진다. 속상하다. 억울하다. 울화가 치민다. 화가 치민다. 화난다. 울화통 터진다. 기가 막힌다. 패씸하다. 모욕감이 든다. 분개한다. 분하다. 불쾌하다. 섭섭하다. 성질난다. 신경질난다. 실망스럽다. 쓸쓸하다. 약오른다. 열 받는다. 열불이 난다. 지긋지긋하다. 질린다. 짜증난다.
두려움 공(恐) fear	머리털이 곤두선다. 아찔하다. 간이 콩알만 해진다. 끔찍하다. 두렵다. 막막하다. 무섭다. 뭉클하다. 섬뜩하다. 소름끼친다. 스산하다. 식은땀이 난다. 오금이 저린다. 오싹하다. 으스스하다. 전율이 느껴진다. 참혹하다. 충격적이다.
역겨움 증(憎) disgust	구역질난다. 꼴 보기 싫다. 눈꼴사납다. 눈꼴시다. 눈에 가시 같다. 가증스럽다. 뇌골스럽다. 닭살 돋는다. 떨떠름하다. 못마땅하다. 밉다. 부럽다. 아니꼽다. 야속하다. 얄밉다. 역겹다. 정나미가 떨어진다. 지겹다. 지긋지긋하다. 징그럽다. 혐오스럽다.

스님께 묻습니다

나는 종종 아래와 같은 질문을 받는다. 여기서부터는 묻고 대답하듯이 형식으로 이야기를 하고 싶다.

주변에서는 스님을 어떻게 보는지요?

저는 주변으로부터 두 종류의 상반된 피드백을 받곤 해요. 어떤 스님들은 저를 그다지 좋지 않게 보는 관점이 있어요. 그것은 제가 선방에서 참선을 한다거나, 전통적인 불교 수행을 하지 않기 때문에 안타깝게 바라보고 측은하게 바라보는 시선이에요. 또 다른 시선은, 제가 승가에서 경험했던 어려움을 그분들도 경험하기 때문에 "상담 공부를 참 잘했다. 그리고 박사학위를 받은 것도 정말 대단하다. 스님이 승가에 많은 도움이 될 거다. 좋겠다."라며 긍정적으로 보는 입장이 있어요.

　일반적으로 상담심리를 공부한 사람들은 대체로 "스님은 좋겠어요."라고 하죠. 상담심리와 불교를 둘 다 공부했으니까 참 좋겠다는 거에요. 승려로서 새로운 모델을 구현한 삶이라고 말하는 분도 계세요.

심리적인 고통에 관한 불교의 가르침은 고대로부터 경전을 통해 전승되고 있어요. 이것은 고대의 언어죠. 한문이 많고, 한글이라도 현대어와는 거리가 있는 경우가 있어요. 그러다보니 스님들도 심리적인 고통에 대해 '집착'이나 '삼독' 외의 언어로는 설명을 잘 하지 못해요. 제 경험에 의하면, 심리학이나 상담학, 뇌과학 등은 현대인의 고통에 대해 정교하고도 구체적인 자료를 제공해요. 저는 스님들이 이 학문을 유용하게 활용하기를 바라고 있어요.

출가에 대해 어머니는 뭐라고 하나요?

어머니는 제가 출가한다고 했을 때 보내기 싫어서 "스님들이 아이들을 때리면서 키워" 등의 거짓말을 했고, 막상 출가한다고 했을 땐 "사람이 미칠 것 같았다."고 회상해요. "보내 놓고 전화도 안 오고 기별도 없어서 애달팠다."고요. 그런데 지금은 "스님이 자기 맘대로 해서", "하고 싶은 것 마음대로 하고, 가고 싶은 데 마음대로 가서", 그리고 무엇보다 당신에게 잘해줘서 좋다고 말씀하세요.

환속하지 않고 승려로 사는 이유는요?

누구나 자기가 좋아하는 것을 하면서 살면 행복할 거예요. 저는 머리 깎은 승려로서 상담하는 것에 감사해요. 불교 공부를 하면 할수록, 상담을 하면 할수록 세상에 대한 진리를 가르쳐 주신 부처님께 감사한 마음이에요. 제 삶의 의미는 부처님의 가르침을 배우고 익혀서 다른 사람들과 나누는 것이에요. 특히 고통받는 사람들이 그 괴로움에서 해방될 수 있도록 돕는 것이 이번 생의 제 비전이에요.

영성에 대해 어떻게 생각하는지요?

불교에서는 법성法性이나 불성佛性, 본성本性, 자성自性, 진성眞性이란 말로 표현돼요. 영성은 눈에 보이지는 않지만 느낄 수 있고, 우주에 가득차 있다고 봐요. 쉬운 언어로 표현하면 에너지, 기, 빛인 것 같기도 하고요. 사람들이 우주에 속해 살지만 잘 모르고 있는 것처럼, 영성의 성품은 그 자체로 빛나는 지혜의 불꽃이나 자비심 같아요. '근원적인 것과의 접촉.' '원래 있는 에너지를 스스로 발견하고 접촉하는 것.' 그걸 잘 모르고 있다가 깨어나면서 알게 되는 것 같아요. 저는 어느 순간부터 사람이 꽃으로 보이더라고요. 사람뿐 아니라 모든 존재가 아름답게 보이기 시작했어요.

승려이자 상담전문가로서 어떤 방향성을 갖고 있는지요?

저는 승려이자 전문상담가로서의 역할이 있다고 생각해요. 전통적인 승가에서 생활하면서 전문상담가의 일을 한다는 것이 시간적으로 공간적으로 병행하기가 쉽지 않아요. 전통적인 승가공동체는 새벽 예불부터 기본적인 소임에 이르기까지 공동체를 위해 헌신해야 하기 때문이죠. 이런 환경에서는 단 회기에 가까운 신행 상담을 하게 되는데, 전문상담과는 달라요. 전문적인 상담에서는 상담구조화—상담 시간과 회기, 비밀보장, 안전한 장소, 상담 비용, 목표 설정 등—가 중요하고, 또 중·장기적으로 상담을 지속하는데, 그러기 위해서는 기존의 공동체의 삶의 방식과는 조금 달라야 하거든요.

그래서 현대적인 새로운 형태의 승가공동체를 꿈꾸고 있어요. 예를 들어 상담 및 심리치료, 명상, 간호나 간병, 복지 등에 관심이 있는 수행자들이 함께 공동체에서 성장하면서 세상 사람들과 나누는 삶을 살 수 있다고 봐요.

어떤 승가공동체를 꿈꾸는지요?

몇 년 전에 가톨릭에서 알코올 사목센터*를 운영하고 있다는 것을 알았어요. 가톨릭이 현대인의 중독 문제에 발 빠르게 대처하

---

* http://www.sulsul.kr/maintop/main.html. 천주교서울대교구 단중독사목위원회는 오늘날 만연되고 있는 여러 형태의 중독문제에 대한 예방과 중독자의 치유를 통해서 중독자들의 신체와 정신건강을 회복하여 행복한 생활을 영위케 하고, 영적회복을 통하여 성가정을 이루고 신앙생활을 하도록 도움을 주기 위해서 설립되었다.

고 있다는 것이 놀라웠죠. 최근에는 살레시오 교육영성센터[**]를 방문하고 수녀님의 안내를 받으면서 충격을 받았어요. 살레시오수녀회에서 새로 지은 영성센터가 규모에서 크기도 했지만, 대부분 각종 교육 프로그램-부모교육, 일반교육, 인성지도자과정 등〔과 심리상담〕성인, 부부, 청소년, 아동놀이치료 등-으로 운영되고 있더라고요. 아주 놀랐어요. 내가 꿈에 그리던 모델이었는데, 그 수녀회에서 운영하는 모습을 보고 부럽기도 했고, 개인적으로 무력감을 느끼기도 했어요. 저도 수녀님들처럼, 불교계에서 운영하는 심리상담센터가 있기를 발원해요. 그래서 비영리단체인 다르마심리상담센터를 전문가들과 함께 2021년 5월에 설립했어요. 저는 이 단체가 성장해서 한국의 대표적인 심리상담 전문센터가 되기를 기원해요. 이 일은 불사佛事라고 여겨요. 많은 사람의 참여와 도움이 필요해요. 고통에서 벗어나고자 하는 사람들의 원력으로 이번 생에 이뤄지리라고 믿어요.

어떤 상담자가 되고 싶은지요?

개인적으로 정원사 같은 수행자修行者이고 싶어요. 상담자로서는 대지의 어머니와 같은, 수용하고 허용해 주며 너그럽고 따뜻한 조력자가 되기 위해 지금도 수련하고 있어요. 출가하기 전에

[**]   http://www.salesioedu.org/

거의 3년 동안 매일 108배를 하면서 10가지 정도 서원을 세운 적이 있어요. 다 기억나지는 않는데, 그중 하나가 '세상의 모든 어머니를 편안하게 하겠습니다.'였어요. 지금 돌이켜보면, 제가 고통받는 사람들을 심리적으로 편안하게 안아주는 어머니 같은 사람이 되어 보듬어야겠더라고요.

상담가의 수련 과정은 어떠한가요?

저는 (사)한국상담심리학회(이하 한상심) 소속의 1급 수퍼바이저예요. 수련과정은 홈페이지에 자세히 나와 있는데, 간략히 말씀드리면 다음과 같습니다. 하지만 앞으로 이 규정이 바뀔 가능성이 있습니다. 정부에서 심리사법이 제도적으로 만들어질 수 있기 때문입니다.

학회에 회원으로 가입하고 나면 한쪽에선 상담 관련 수업을 들으면서 이론을 공부하고, 다른 한편으로 상담 경력을 쌓으면서 수련 내용을 충족해 나가는 거죠.

이론은, 자격시험의 시험과목을* 공부해서 시험에 합격해야 해요. 이 시험을 가볍게 생각해서는 안 됩니다. 혼자 공부하기

---

* 상담심리사 1급(상담심리전문가): 상담 및 심리치료이론, 집단상담 및 가족치료, 심리진단 및 평가, 성격심리 및 정신병리, 심리통계 및 연구방법론. 상담심리사 2급(상담심리사): 상담심리학, 발달심리학, 이상심리학, 학습심리학, 심리검사.

보다 동료들 몇이 함께 공부하는 것이 도움이 될 수 있어요.

저는 처음에 필기 자격시험을 봤을 때, 문제가 너무 어려워 시험을 치다 말고 창문으로 뛰쳐나가고 싶었어요. 다음 해에도 무척 어려웠는데, 당시 합격률이 15%였다고 들었어요. 두 번째 필기시험을 보기 전에, 또 떨어질까 봐 불안해서 불보살님과 산신님께 기도도 하고, 동료와 함께 스터디를 하면서 준비했어요.

상담계에서 사용하는 언어가 생소한 분들을 위해 설명하면, 수퍼비전을 받는 사람, 즉 상담 수련을 받는 사람을 수퍼바이지(supervisee), 수련생의 상담 활동을 지도 감독하는 역할을 맡은 사람을 수퍼바이저(supervisor), 개인이나 사례회의 또는 공개 사례발표 등의 형식으로 수련 받는 행위를 수퍼비전(supervision)**이라고 불러요. 처음에는 용어조차 생소했고 수련 수첩에 적는 것도 서툴렀어요. 저는 수련 과정과 그 내용이 너무 생소하게 들리고 복잡해 보여서 어렵게 느껴졌어요. 그래서 여러 사람에게 묻고 또 물으면서, 이해하는 데 시간이 좀 걸렸습니다.

불교계 상담 관련 학회에서 진행되는 공개 사례발표 형식과

** 수퍼비전은 'super(위에서 혹은 능가하여)'와 'vison(관찰하다, 보다)'의 조합으로 '감독하다'라는 의미를 갖는다. 수퍼비전은 상담자의 상담 수행을 감독 혹은 지도하는 활동이다. 방기연, 『상담 수퍼비전의 이론과 실제』, 양서원, p.13.

과정은 제가 훈련받은 학회의 그것과 매우 달랐어요. 한국상담심리학회의 사례발표에 참여하는 모든 사람-수련감독자, 발표자, 참여자-이 마치 내면을 탐구하는 여행자 같이 보였어요.

수퍼비전을 받는 사람은 상담 과정 전체를 일목요연하게 정리해서 먼저 발표해요. 각 사례 당 1시간 30분 정도 수퍼바이저와 수련생들이 활발하게 질의하고 응답하며 내담자와 상담자 모두를 이해하고 탐색하는 과정을 가지죠. 상담자(발표자)가 내담자를 더 잘 돕도록, 상담자가 성장할 수 있도록 그리고 참관하는 사람도 공부할 수 있도록 서로 조력합니다. 자신의 상담 사례를 공개적으로 발표하든-공개 사례발표-, 소규모로 하든-분회 모임-, 개인적으로 하든-개인 수퍼비전- 상관없이 이 과정은 성장에 도움이 됩니다. 내담자에게 그리고 상담자에게 일어나는 현상에 대해서 알고 깨달아 가는 과정이 마치 법을 구하는(구법求法) 모습처럼 보였어요. 저는 이 과정을 수행으로 봅니다.

교육분석(개인상담)은 꼭 받아야 하나요?

교육분석은 상담사나 치료사 그리고 영적 수행자에게 매우 중요하기 때문에 여기서 동서양의 스승과 상담가의 말씀을 통해서 강조하고 싶어요.

세계적으로 추앙받는 영적 스승이자, 부처님의 가르침을

서양 세계에 소개하는 데 중추적인 인물이었던 쵸감 트룽파
(Chöyam Trungpa 1940~1987)는 영적 물질주의-영적 유물론,
spiritual marerialism; 문제(고통)를 피하기 위한 방편으로 앉아서 명
상을 하는 것-를 경계하라고 말합니다.

"우리가 속해 있는 종교는 아무런 고통도 겪지 않으면서 우
리를 구원해 줄 누군가 또는 무언가가 있을 거라는 생각을
우리에게 심어 줍니다. 실제로 그런 잘못된 희망을 포기하는
것이 첫 걸음입니다."

그는 많은 사람이 자신과 직면하지 않고도 자신으로부터 자
유로워질 수 있는 영적인 길을 발견하려고 하는데 그것은 불가
능하고, 자신의 가장 보고 싶지 않은 진짜 치부까지 봐야 한다
고 강조해요. 우리는 자신을 직면하는 일을 두려워하지만, 정직
하게 두려움과 마주해야 한다고요.[*]

앞서 몇 번 언급했던 호킨스(David R. Hawkins) 박사는 "의사
여, 자신을 치유하라."고 조언하고 있어요.[**] 그는 깨달은 이들

---

[*] 쵸감 트룽파(2015), 『두려움을 넘어 미소짓기까지』, 불광출판사,
    pp.25-26.

[**] 데이비드 호킨스(2015), 『놓아 버림』, 판미동, p.347.

은 '영혼의 어두운 밤'을 통과한다고 말합니다. 즉, 깨달은 이들 대부분은 무의식 속에 묻혀 있던 가장 부정적인 것들과 직면하고, 자신의 그림자를 인정하며, 가장 증오하던 것을 바라보고 받아들이고 놓아버리는 고통의 시기를 겪는다는 거지요.[*]

분석심리학을 창시한 융(Carl Gustav Jung)은 '치료자는 자신의 성찰을 통해서 직면했고 극복한 문제만큼만 환자를 도울 수 있기 때문에 먼저 스스로 자신의 무의식을 대면하는 교육분석을 받아야 한다'고[**] 강조하지요. 인본주의 심리학자인 로저스(Carl Rogers)도 "경험은 나에게 최고의 권위다."라고 말했습니다.

심리치료 분야에서 세계적인 권위를 인정받고 있는 정신과 의사인 어빈 얄롬(Irvin D. Yalom)은 수련의 시기 3년 동안 일주일에 5번 분석을 받았다고 해요. 그는 치료자로서 개인분석 훈련이 가장 중요한 부분이라며, 모든 학생이 개인적 치료를 받으라고 합니다. 그는 수련이란 일생 동안 계속되는 과정이라고 말해요.[***]

여성 정신분석가이자 임상심리학자인 낸시 맥윌리엄스

---

[*]　데이비드 호킨스(2016),『치유와 회복』, 판미동, p.171.

[**]　이부영(2017),『한국의 샤머니즘과 분석심리학』, 한길사, p.596.

[***]　Irvin D. Yalom·Molyn Leszcz(2008),『최신 집단정신치료의 이론과 실제』, 최해림·장성숙 공역, 하나의학사.

(Nancy McWilliams)는 "수련생에게 정신분석을 받도록 권장하는 이유는 자신의 마음속에 존재하는 유사한 갈등을 경험함으로써 환자의 갈등을 포착하는 능력을 증진시키기 위한 것이다."고 했어요. 그녀는 개인적 치료를 받지 않고도 매우 효과적으로 치료를 하고 있는 여러 명의 치료자를 알고 있는데, 그들은 재능이 있고 자연스러운 공감 능력을 지니고 있으며, 지지적인 부모와 공감적인 인물 사이에서 성장해 온 경우가 많다고 말해요.****

너무 많은 사람을 열거했나요? 교육분석이 그만큼 중요하거든요.

상담자로서 자기 내면의 문제를 이해하고 해결하는 것, 자신도 모르는 무의식을 탐구하는 일은 맑은 거울이 되는 것에 비유할 만하다고 봐요. 어떤 점에서 이 과정이 수행과 다르지 않다고 생각하고요. 상담자가 맑은 거울일 때 내담자를 잘 비출 수 있으니까요.

**** Nancy McWilliams(2007), 『정신분석적 심리치료』, 권석만·이한주·이순희 공역, 학지사, p.60. p.95.

감사의 글

영적으로 이끌어 주신 불보살님과 신장님, 부처님의 가르침, 그리고 승가에 귀의합니다.

이 책이 나오기까지 많은 사람의 도움을 받아서 그들에게 고마움을 전하고 싶습니다. 내가 깨어날 수 있도록 간화선으로 지도해 주신 수불 스님, 명상으로 이끌어 주신 인도 명상 아카데미 선생님들, 자아초월상담학과를 만들고 지도해 주신 교수님들께 감사드립니다.

내가 무의식에 조심스럽게 접근할 수 있도록 도와준 미술치료사 김병철 선생님에게 감사합니다. 그를 만나지 않았더라면 『화엄경』의 '마음은 그림을 그리는 화가와 같아서 능히 모든 세상을 다 그린다(심여공화사心如工畵師 능화제세간能畵諸世間).'는 의미를 알지 못했을 것입니다. 나도 몰랐던 내 의식의 다른 영역(무의식, 비의식)을 탐색할 수 있도록 조력해 주신 여러 상담전문가 선생님과 지도자들에게도 감사드립니다.

자아초월상담학을 전공하면서 박성현 교수님을 만난 것은 저에게 큰 가피加被입니다. 교수님은 바쁜 중에도 이 책 내용은 물론이고 각주까지 하나하나 챙겨 바로잡아 주셨습니다. 그리고 심리상담과 명상으로 내 내면의 진실을 마주하고 통찰한 이야기를 책으로 엮을 수 있도록 일찌감치 응원하면서 피드백을 한 아름 선물해 준 하현주 선생님에게도 감사드립니다. 친절하고 자비로운 두 지도자의 따뜻한 피드백을 받을 때마다 나도 모르게 울컥해서 눈물이 나곤 했습니다. 불교상담학과의 발전과 성장을 위해 애쓰고 계시는 안양규 교수님과 윤희조 교수님께도 감사드립니다.

상담하는 승려로서 내가 외로울 때마다 함께 산책하며 말벗이 되어 준 정승혜 님도 감사합니다. 그녀는 이 책이 좀 더 부드럽고 쉽게 독자들에게 다가가기를 기원하며 수정할 곳을 짚어 주었습니다. 아카데미에서 함께 수행한 인연으로 원고를 검토해 준 김미숙 트레이너, 불교상담 전공자 입장에서 검토해 준 박자빈 님, 가족의 일원으로 미리 보며 어색한 부분을 말해 준 사랑스러운 조카 차비가나, 매일 기도하며 나를 응원하는 어머니 정봉연 보살님에게도 감사드립니다.

여기까지 올 수 있도록 산이 되어 준 은사스님과 종림 스님, 현실적으로 도움을 주셨던 원택 스님, 진화 스님, 남일 스님, 오인 스님, 도허 스님, 석준 스님에게도 빚을 졌습니다. 고통받는 사람들이 자유로워질 수 있도록 돕는 것으로 회향하겠습니다.

더불어 기억에 없던 강원 생활을 상기시켜 주면서 나도 몰랐던 내 모습을 볼 수 있도록 이야기해 준 도반 영선 스님에게 감사드립니다. 스님 덕분에 다른 사람 입장에서 상황을 볼 수 있는 안목을 가지게 되었고, 덜 외로웠으며, 승려로서 중심을 잡을 수 있었습니다.

그리고 나와 인연을 맺었던 모든 내담자분에게도 이 자리를 빌려 깊이 감사드립니다.

또한 나로 인해 상처받은 초등학교 친구들과 모든 존재에게 깊이 참회합니다.

지은이 **효 록**

청암사승가대학을 졸업하고, 동국대학교(경주)에서 선학과 불교학, 사회복지학을 전공하였다. 동 대학원에서 불교상담학으로 석사학위를, 서울불교대학원대학교에서 자아초월상담학으로 상담학 박사학위를 받았다.

현재는 다르마심리상담명상센터 대표로서 서울불교대학원대학교 초빙교수, 한국상담심리학회 상담심리전문가(수퍼바이저), 한국불교상담학회 수퍼바이저, 선치료상담전문가, O&O Academy 하나의식 트레이너·트렌스포머, 한국불교상담학회 이사로 활동하고 있으며, 조계종사회노동위원회가 주관하는 성소수자 법회를 이끌고 있다.

서울의료원 불교법당에서 지도법사로서 4년간 호스피스 활동을 했으며, 동국대학교에서 강의하였다.

사회복지사 1급, MBTI 일반강사, 아우토겐 트레이닝 촉진자 등의 자격증을 가지고 있으며, 2022년 5월부터는 BBS 불교방송 라디오 '효록 스님의 안심상담'에 출연하고 있다.

논문으로『한국 비구니의 생애사 연구』,『불교 명상과 현대 심리치료의 통합 연구 동향』,『여성 출가자의 교육분석 경험에 대한 현상학적 연구』,『불자 성소수자가 경험하는 한국 불교에 대한 현상학적 연구』,『팔리어 율장에 등장하는 성소수자의 수행생활』등이 있다.

스님의 그림자

초판 1쇄 인쇄 2022년 6월 15일 | 초판 1쇄 발행 2022년 6월 22일
지은이 효록 | 펴낸이 김시열
펴낸곳 도서출판 운주사

(02832) 서울시 성북구 동소문로 67-1 성심빌딩 3층
전화 (02) 926-8361 | 팩스 0505-115-8361
ISBN 978-89-5746-698-8 03180   값 15,000원
http://cafe.daum.net/unjubooks 〈다음카페: 도서출판 운주사〉